평신도 교육교재

성경개론

평신도 교육교재

성경개론

초판 발행 · 1980년 6월 20일
재판 인쇄 · 1999년 4월 10일
개정판 2쇄 · 2023년 8월 4일

발행 · 대한예수교장로회총회
편집 · 대한예수교장로회총회 교육부
제작 · 대한예수교장로회총회 출판부

주소 · 06177 서울 강남구 영동대로 330
전화 · (02)559-5633(교육국) (02)559-5655(출판국)
팩스 · (02)539-0203(교육국) (02)6940-9384(출판국)
인터넷서점 · www.holyonebook.com
출판등록 · 제1977-000003호

※ 책값은 뒤표지에 있습니다.

평신도 교육교재

성경개론

성경통신대학 입학 안내

총회에서 운영하는 평신도 교육프로그램입니다.

특　　전 : ① 장로고시 응시자격 부여
② 장로고시 때 성경시험 면제(수료증서 노회에 제출)

과　　목 : ① 성경열람문제집(구약부, 신약부) ② 일반과목문제집
③ 헌법 ④ 표준예식서 ⑤ 성경개론 ⑥ 기초교리학
⑦ 교회사 ⑧ 교회행정학 ⑨ 예배학 ⑩ 청지기론

입학자격 : 본 교단 모든 성도

입학시기 : 수시 가능

입학방법 : ① 입학원서와 등본1부를 총회성경통신대학으로 보내주세요.
② 등록비 및 교재비(55,000원)를 계좌로 보내주세요.
국민은행 350-01-0025-319(대한예수교장로회총회)

문　　의 : 상세한 내용은 성경통신대학으로 문의하시기 바랍니다.
(성경통신대학 담당자 ☎ 559-5633)

평신도 교육교재 사용 안내

본 교재는 성경뿐 아니라 다양한 기독교 학문을 깊이 있게 다루어 신앙의 기초를 든든히 세워주는 평신도 교육교재입니다. 교회의 성경대학 프로그램이나 제자훈련 교재, 소모임 교육교재, 셀리더 교재 등 다양하게 활용할 수 있습니다.

또한, 장로, 집사, 권사, 교사 등 교회 직분자뿐만 아니라 성경공부를 하고 싶은 모든 성도들에게 적극 추천합니다.

머리말

“모든 성경은 하나님의 감동으로 된 것으로 교훈과 책망과 바르게 함과 의로 교육하기에 유익하니 이는 하나님의 사람으로 온전하게 하며 모든 선한 일을 행할 능력을 갖추게 하려 함이라”(딤후 3:16~17)

금번 발행하는 “평신도를 위한 성경공부교재”는 오래 전부터 현재까지 총회 성경통신대학에서 교재로 사용되고 있는 도서를 일반 성도들에게도 쉽게 보급하고자 출간하게 되었습니다. 성경교육의 역사가 곧 기독교의 역사라고 해도 될 만큼 말씀을 가르치고 배우는 평신도교육이 중요한 것이 사실입니다. 이러한 평신도 교육의 중요성을 알고 총회 차원에서 8개 과목(성경개론, 기초교리학, 교회사, 교회행정학, 예배학, 청지기론, 표준예식서, 헌법)으로 성경통신대학을 개설하여 장로 및 교회 직분자와 주일학교 교사 교육에 귀한 도구로 쓰임 받아 왔습니다. 이러한 때에 성경본문을 개역한글판에서 개역개정판으로 수정하고 오탈자를 바로잡아 평신도 교육교재로 새롭게 출간하게 되었습니다.

성경공부를 하고 싶은 성도라면 누구나 스스로 공부할 수 있는 기회를 만들어주는 것이 본 교재의 취지이며 그동안 성경통신대학 입학자들이 사용하는 교재를 평신도 교육교재로 확대 개편하여 출간하게 됨을 진심으로 기쁘게 생각합니다. 총회교육부가 운영하는 성경통신대학에 입학하여 성경통신대학 과정을 밟으셔도 좋고, 입학하지 않고 개인이나 소모임에서 교재를 별도 구입하여 스스로 공부를 하셔도 좋은 귀한 평신도 교육교재가 되리라 믿습니다. 이 교재를 사용하시는 모든 분이 하나님의 말씀과 교리를 체계 있게 공부함으로 개혁주의 신학과 신앙에 기초한 구원의 확신을 가지고, 은혜와 진리가 충만하여 이웃과 교회를 든든히 세우는 일에 더욱 크게 쓰임 받으시기를 간절히 바랍니다.

대한예수교장로회 교육부장

차례

서론

성경에 대한 신학 • 11

1. 일반계시로서의 자연계시 • 12
2. 특별계시로서의 성경말씀 • 13

제1부/구약 성경

제1장 모세 오경(율법) • 20

1. 창세기 • 22
2. 출애굽기 • 24
3. 레위기 • 26
4. 민수기 • 27
5. 신명기 • 29

제2장 선지서 • 32

● 전기 선지서

6. 여호수아 • 33
7. 사사기 • 34
8. 사무엘서(상, 하) • 35
9. 열왕기서(상, 하) • 38

● 후기 선지서

10. 이사야 • 39
11. 예레미야 • 41
12. 에스겔 • 43

●12소선지서
13. 호세아 • 45
14. 요엘 • 46
15. 아모스 • 47
16. 오바댜 • 48
17. 요나 • 49
18. 미가 • 50
19. 나훔 • 51
20. 하박국 • 52
21. 스바냐 • 53
22. 학개 • 53
23. 스가랴 • 55
24. 말라기 • 56

제3장 성문서 • 57
●시가서
25. 시편 • 57
26. 잠언 • 60
27. 욥기 • 62

●다섯 권의 두루마리 책
28. 아가 • 64
29. 룻기 • 65

30. 애가 • 66
31. 전도서 • 67
32. 에스더 • 68

● 역사서
33. 다니엘 • 69
34. 에스라, 느헤미야 • 71
35. 역대기서(상, 하) • 73

제2부/신약 성경 제1장 공관 복음 • 79
1. 마태복음 • 81
2. 마가복음 • 83
3. 누가복음 • 86
4. 요한복음 • 87
5. 사도행전 • 89

제2장 바울서신 • 93
6. 로마서 • 94
7. 고린도전서 • 95
8. 고린도후서 • 97
9. 갈라디아서 • 98

● 옥중서신

10. 에베소서 • 101

11. 빌립보서 • 104

12. 골로새서 • 105

13. 빌레몬서 • 107

14. 데살로니가전서 • 108

15. 데살로니가후서 • 109

● 목회서신

16. 디모데전서 • 113

17. 디모세후서 • 115

18. 디도서 • 116

19. 히브리서 • 117

제3장 공동서신 • 119

20. 야고보서 • 119

21. 베드로전서 • 121

22. 베드로후서 • 123

23. 요한1서 • 124

24. 요한2서 • 126

25. 요한3서 • 127

26. 유다서 • 128

27. 요한계시록 • 129

| 서론 |

성경에 대한 신학

우리는 먼저 신구약 성경이 하나님의 말씀이라는 것과 신앙과 본분에 대하여 정확무오한 유일의 법칙이란 사실을 고백하고 연구·검토해야 할 것이다.

신구약 성경이 하나님의 말씀이 되는 증거 과정과 성경이 구체화되기 이전에 하나님께서 어떻게 말씀하셨나를 살펴보자.

1. 일반계시로서의 자연계시

히브리서 1:1~2에 "옛적에 선지자들을 통하여 여러 부분과 여러 모양으로 우리 조상들에게 말씀하신 하나님이 이 모든 날 마지막에는 아들을 통하여 우리에게 말씀하셨으니……"라고 하셨다.

즉 하나님께서 직접 음성으로 말씀하신 곳도 있으나, 대부분 하나님께서 말씀으로 창조하신 자연과 인간 정신의 일반적 구조에서 또는 경험과 역사의 사실 속에서 하나님의 사상이 구체적으로 표현되었다.

시편 19:1~2에 보면 "하늘이 하나님의 영광을 선포하고 궁창이 그의 손으로 하신 일을 나타내는도다 날은 날에게 말하고 밤은 밤에게 지식을 전하니" 하였고, 로마서 1:20에는 "그의 보이지 아니하는 것들 곧 그의 영원하신 능력과 신성이 그가 만드신 만물에 분명히 보여 알려졌나니"라고 기록되었다(참고 : 창 20:3, 40:5, 41:1, 삿 7:13, 단 2:1). 그러니 죄가 인간 속에서 들어옴으로 인간은 타락하였고, 죄의 영향력은 피조물 전반에 미치게 되었다. 이로 인하여 하나님의 지언 솜씨는 몽롱하게, 불완전하게 되어 처음의 것과 다르게 되었고, 인간은 죄로 말미암아 어두워졌기 때문에 자연에 나타난 하나님의 말씀을 읽을 수 없어 오히려 진리를 역행하게 되었고(요 1:5; 롬 1:18~25; 엡 4:18), 하나님과 영적 사물에 대하여 충분한 지식을 전달하지 못하게 되었다. 특히 그리스도의 구원의 진리를 배우지 못하게 되었다. 하나님께서는 이상에서 말한 일들을 구체화한 진리를 특별계시에 편입시켜 그의 곡해를 시정하고 해석시켰다. 그 결과로 일반계시를 신앙의 눈으로 말씀에 비추어 보게 되었고, 자연의 올바른 이해 속에서 하나님의 말씀을 보고 읽을 수 있게 하셨으니 일반계시와 특별계시의 밀접한 관계를 가지게 되었다.

2. 특별계시로서의 성경말씀

좀 더 구체적으로 말을 하면 죄가 세계에 들어오므로 일반계시는 흐려지고 인간은 암흑, 무지, 오류, 불신앙에 빠져 진리를 거역하기에 이르렀다. 또한 하나님과의 영적 관계에 암흑이 왔다. 그래서 특별계시가 나타나게 되었으니 그 목적은 다음과 같다.

① 일반계시에서 수집한 진리들을 정정하여 해석하여 준다.

② 자연에 나타난 하나님의 솜씨를 인간이 다시 한 번 읽을 수 있도록 하여 준다.

③ 하나님의 구속적 사랑의 계시를 인간에게 마련해 준다.

④ 죄의 권세에서 인간을 구속하고 하나님과 더불어 생명의 친교를 갖도록 하여 인간의 영적 상태를 전적으로 변화시켜 준다.

특별계시의 방법

하나님께서 구약시대에는 여러 모양으로 나타나셨다.

① 그룹(Cherubim) 사이에 임재(시 80:1, 99:1)하셨다.

② 불과 연기와 구름 속에 임재(욥 38:1, 40:6; 시 18:10~16)하셨다.

③ 미풍(세미한 소리) 속에 나타나셨다(창 16:13, 31, 32:28).

④ 신약에서는 하나님의 나타나심이 성육신하신 예수 그리스도로 최절정을 이루셨다(골 1:19, 2:9; 고전 3:16, 6:19; 엡 2:21).

⑤ 꿈과 환상 중에(창 20:3, 31:24; 신 13:1; 민 12:6) 나타나셨다.

⑥ 직접 말씀으로 전하셨다(창 2:16, 3:8; 출 19:5).

⑦ 계시의 영으로 사람의 심령을 밝혀 주셨다(막 13:11; 눅 12:12; 요 14:17).

특별계시의 내용

1) 구속의 계시를 목적함

하나님에 대한 지식, 죄인의 구원을 위한 하나님의 계획, 예수 그리스도 안에서 이루어지는 하나님과 죄인의 화목, 그리스도의 구속사업으로 열려진 구원의 길, 변화와 성화로 인도하는 성령이 감화와 영의 생활에 참여하는 사람들을 위한 하나님의 요구 등이다.

2) 말씀과 사실의 계시

특별계시는 단순한 말씀과 교리에서만 아니라 이스라엘의 역사에서, 구약의 의식예배에서 직접 나타나셨고 이적과 예수님의 생애의 구속적 사실에서도 계시되었다.

3) 역사적 계시

특별계시의 내용은 여러 세기를 거쳐 점진적으로 발전하는 성격을 띠어 점진적으로 명확해졌고, 예수님의 성육신과 성령의 강림으로 절정을 이루었다.

① 성경 : 우리가 성경(Scripture)을 올바로 이해하기 위하여 계시 일반에 걸쳐 논하게 됨은 하나님의 말씀인 성경이 특별계시의 책이기 때문이다. 이를 좀 더 구체화하여 보면, 첫째, 특별계시와 성경과의 관계, 둘째, 성경의 영감설이다.

② 특별계시와 성경 : 하나님께서는 그의 계시의 말씀이 인간의 모든 세대를 향하여 말씀하시는 영원한 말씀이 되어야 하기 때문에 이 계시인 성경이 훼손과 부패와 허위에서 보호를 받게 하시고, 잘못 없이 기록케 하시고 특별한 섭리적 보호로 성경을 완성시키셨다. 성경 완성에 있어서 초자연적 방법으로만 전달되지 아니하고,

③ 경험에 의해 확인되고

④ 역사 연구에 의해 수집된 것이 많이 내포되고

⑤ 성경이 기록되기 이전에 예언자들과 사도들이 하나님의 전달을 받았다는 사실(렘 25:13, 30:1, 36:2; 요 20:30, 21:25) 등이다.

이는 착오가 있는 것 같으나 성경 전체가 성령의 감동으로 감동되었다는 사실을 믿어야 할 것이다.

구약 성경의 경우를 보면, 저자들은 주께서 그들에게 명한 바를 쓰도록 반복적으로 명령을 받았다고 했다(출 17:14, 34:27; 민

33:2; 사 8:1, 30:8; 렘 25:13, 30:2; 겔 24:1; 단 12:4; 히 2:2).

예언자들은 하나님의 사신(私信)을 전한다고 하였고 "이와 같이 주께서 말씀하셨느니라" "주의 말씀이 나에게 임하셨느니라" "이와 같이 주 여호와가 나에게 보이셨느니라"고 하였다.

이사야는 자기가 쓴 예언을 '여호와의 책'이라 하였다(34:16).

신약성경의 저자들도 구약의 서신을 인용할 때 그것은 '하나님의 말씀' 혹은 '성령의 말씀'이라고 하였다(마 15:4; 히 1:5, 3:7, 4:3. 5:6, 7:21).

서신에서도 바울은 자기의 말을 영이 가르쳐준 말씀이라 하였고(고전 2:13) 또한 그리스도께서 자기 안에서 말씀하고 계신다고 주장하였다(고후 13:3). 데살로니가 사람들에게 쓴 편지에도 분명히 하나님의 말씀이라 하였다(살전 2:13). 특히 디모데후서 3:16에는 "모든 성경은 하나님의 감동으로 된 것으로 교훈과 책망과 바르게 함과 의로 교육하기에 유익하니"라고 하였다.

⑥ 성경 영감의 성질 : 사람을 기계적으로 사용하지 않고 저자들의 성품과 기질, 은사와 재능, 교육과 교양, 용어, 어법, 문체 등을 그대로 밝혀 주셨고 저자들을 격려하셨다. 그러나 저자들은 문서 활동에 미치는 죄의 영향을 억제하였다. 저들의 언어 선택을 인도하셨고 그 사상을 표현케 하셨다. 그러므로 성경은 전반에 걸쳐 영감되었다. 어떤 사람은 언어의 영감이 아니고 사상의 영감이라 하나 사랑과 언어를 분리시킬 수 없다. 사상은 반드시 형태를 취하고 표현되기 때문이다.

어떤 이는 부뷰적 영감설이라 하여 역사적 부분을 배세하고 또는 복음서와 산상보훈에만 영감을 말하니 큰 잘못이다.

성경은 전체가 영감되었다.

예수님과 사도들은 구약의 책들을 성경으로 실증하였고 인용하였다. 성경은 언어 하나하나 전체적으로 영감되었다.

모세와 여호수아에게 분명히 말씀해 주셨다(출 3장, 4장, 6장, 7:1; 레 4:1, 6:1; 수 1:1, 4:1, 6:2).

| 제1부 |

구약 성경

제1장

모세 오경

모세 오경의 서론(율법=토라 : Torah)

모세 오경

모세 오경이란 창세기, 출애굽기, 레위기, 민수기, 신명기로 구약성경 처음 다섯 권의 책을 가리킨다.

모세 오경이란 말의 유래

헬라어 성경 구약 번역 70인역(LXX)은 '펜테'(Pente, 다섯)와 '튜코스'(teuchos, 책, 혹은 권) 곧 다섯 권의 책이란 두 말에서 유래되었으며 저자는 모세다(대하 23:18, 30:16, 35:12).

저작자 문제

모세 오경은 모세의 기록이다. 그러나 고등 비평가들은 후대 여러 사람들에 의해 기록 또는 수집되었다고 한다. 이는 오해다. 그들은 모세가 대선지자라는 것을 믿지 않는 사람들이며, 성경의 권위를 추락시키는 자들이다. 또한 신앙문제에도 혼란과 의혹을 사게 한다. 그 이유는 다음의 말씀을 보면 알 수 있다.

1) 예수님의 증언

요한복음 5:46~47에 "모세를 믿었더라면 또 나를 믿었으리니 이는 그가 내게 대하여 기록하였음이라 그러나 그의 글도 믿지 아니하거든 어찌 내 말을 믿겠느냐" 하셨다. 또한 4복음서에 모두 증거되었다.

2) 모세 오경 자체가 증거함

창세기 1장~출애굽기 19장까지는 율법의 서론 부분인데 저자의 이름은 없으나 이 부분이 그 아래 있는 율법과 불가분리의 서론인 만큼 율법의 저자 모세의 기록이 아닐 수 없다. 이 율법은 출애굽기 20장~신명기 34장까지이다.

3) 출애굽기의 증언

출애굽기 24:4~8에는 "모세가 여호와의 모든 말씀을 기록하고", 17:14에는 "여호와께서 모세에게 이르시되 이것을 책에 기록하여……" 하였고, 34:27에는 "여호와께서 모세에게 이르시되 너는 이 말들을 기록하라……" 하였다.

4) 민수기의 증언

민수기 33:1~12에는 "모세가 여호와의 명령대로 그 노정을 따라 그들이 행진한 것을 기록하였으니"라고 하였다.

5) 신명기의 증언

신명기는 가나안 정주 시에 사용될 법규인데 모세의 기록으로 주장함(신 4:5, 14, 29:1, 31:9, 24~26). 신명기 31:24에는 "모세가 이 율법의 말씀을 다 책에 써서 마친 후에"라고 하였다.

1. 창세기

● **명칭** : 본명은 히브리어 '베레쉬트'(Bareshith : בְּרֵאשִׁית)인데 '바라'(Barah : בָּרָא), 즉 '창조'란 말에서 시작되었다. 탈무드(Talmud)에는 『세계 창조의 책』이라고 호칭하였다. 창세기(Genesis)란 말의 뜻은 창세기 2:4 "이것이 천지 창조의 대략"이라는 70인역(LXX)에 나오는 게네세오스(geneseos)란 말로 기원, 근원, 생성의 뜻이다.

〈창세기 1:1에서의 입증〉

"태초에 하나님이 천지를 창조하시니라" 창세기는 태초의 책 혹은 기원의 책이라고 할 수 있다. 하나님은 영원 지존자시며, 전지전능 · 편재하신 인격적 존재시며, 만물이 그로 말미암아 창조된 것이다. 이와 같은 사실은 믿음으로 알고 믿게 된다. 히브리서 11:3에는 "믿음으로 모든 세계가 하나님의 말씀으로 지어진 줄을 우리가 아나니 보이는 것은 나타난 것으로 말미암아 된 것이 아니니라"라고 하셨다.

유물론자들은 모든 생물이 진화의 과정에서 생겨났다고 하나 이 말은 전혀 믿을 수 없다. 특별히 성경은 하나님께서 사람을 창조하실 때 하나님의 형상으로 지으셨고 만물을 지배하도록 축복하셨다. 그러나 하나님의 명을 불순종하여 타락하므로 아담과 하와가 에덴동산에서 추방되고 그에 따르는 형벌로 고생과 죽음이 오게 되었다. 그 후 인간은 번성하고 죄악은 더욱 관영하여져서 형 가인이 동생 아벨을 살해하는 첫 살인이 있었다.

사람의 번성함과 함께 죄악이 관영하여지므로 이를 보시고 하나님께서는 심판을 계획하셨다. 그러나 "노아는 의인이요 당대에 완전한 자요 여호와께 은혜를 입은 자"로 하나님의 명령을 따라 구원의 방주를 예비하여 홍수의 심판을 면하고 새로운 세계 역사의 주인공이 되었다. 그러나 그 후에도 역시 인간들은 교만하여 바벨탑을 쌓아 하나님의 자리를 확보하려고 하였다. 그러나 하나님께서는 언어의 혼잡을 일으켜 저들을 분산시키셨다. 창세기 12~50장까지는 거의 족장 아브라함으로 시작하여 요셉의 죽음까지 족장들의 역사로 되어 있다. 특히 "여호와께서 아브람에게 이르시되 너는 너의 고향과 친척과 아버지의 집을 떠나 내가 네게 보여 줄 땅으로 가라 내가 너로 큰 민족을 이루고 네게 복을 주어 네 이름을 창대하게 하리니 너는 복이 될지라"(창 12:1~2)라고 하셨다. 이와 같이 하나님께서는 무서운 심판 중에도 그의 긍휼과 자비를 나타내시어 구속 사역을 경영하셨으니, 언약의 백성으로 이스라엘을 세우시고 많은 선지자와 제사장들과 왕들을 세워 역사하셨다. 마지막에는 하나님의 독생자 예수 그리스도를 통하여 구원을 성취하셨다. 아브라함, 이삭, 야곱의 역사로 창세기를 끝맺는다.

● 내용 분해

① 창조의 역사(1장)

② 아담과 하와의 역사(2~5장)

③ 노아의 역사(6~11장)

④ 아브라함의 역사(12~23장)

⑤ 이삭의 역사(24~27장)

⑥ 야곱의 역사(28~36장)

⑦ 요셉의 역사(37~50장)

2. 출애굽기

● 명칭 : 70인역(LXX) 엑소도스(ἔξοδος, Exodus)에서 유래된다. 그 뜻은 '출발'이다. 히브리 원문에는 웨엘레쉬모드(וְאֵלֶּה שְׁמוֹת)이며 그 뜻은 '또한 이것들이 이름들이다'(19:1)란 뜻이다. 이 책은 본래 창세기의 연속이었다.

● 저자 : 모세

● 내용

① 애굽에서의 히브리 민족(1:1~12:36)

애굽에 이주한 이스라엘 민족은 바로의 극심한 학정에도 불구하고 생육하고 번성하였다. 바로는 이를 두려워하여 잔인한 방법으로 이스라엘 사람 중 남자를 낳으면 강에 던지거나 죽이게 하였다. 이런 가운데도 선민을 보호하시며 역사를 주상하시는 하나님께서는 그들의 구원자를 예비하셨으니 레위 족속 중에서 모세를 낳게 하셨다. 모세의 부모는 3개월간 숨겼으나 더 숨길 수 없어서 갈대상자 속에 모세를 넣어 나일강에 버리게 되었고, 하나님께서는 바로의 딸을 감동케 하시어 아들을 삼게 하시고, 누이를 시켜 친어머니 요게벳의 품속에서 자라게 하셨다. 그래서 그 이름을 모세라 하였으니 '물에서 건져냈다'(출 2:10, I drew him out of the water)라는 뜻이다. 친모 요게벳은 그에게 민족정신과 신앙심을 키워주었다.

어느 날 모세는 자기 동포가 애굽 사람들에게 학대받는 광경을 보고 의분으로 애굽 사람 하나를 쳐 죽였다. 그 사실이 드러난 모세는 미디안 광야로 도피하여 제사장 이드로의 집에서 그의 양을 치는 목자의 생활을 하였고 그의 딸 십보라를 아내로 취하였다. 그는 호렙산에서 양을 치다가 떨기나무 불꽃 가운데서 하나님의 소명을 받았으니, 애굽에 가서 이스라엘 사람들을 바로의 손에서 건져내어 약속의 땅, 젖과 꿀이 흐르는 가나안으로 갈 것을 명령 받았다. 모세는 하나님의 명을 받들어 바로에게 해방을 요구하였다.

바로는 이 요구를 거절하고 전보다 더 가중한 고역을 시켰다. 그래서 하나님께서는 열 가지 재앙 중 아홉 가지 재앙을 내리셨으나 끝내 불복함으로 마지막 재앙 곧 열 번째 재앙으로 바로의 장자를 비롯하여 생축의 처음 난 것까지 죽게 하셨다. 그러나 하나님께서 이스라엘 백성들에게는 양을 잡아 그 피로 문 인방과 좌우 설주에 뿌리게 함으로 재앙을 면하게 하셨다. 그러므로 이스라엘 사람들은 이를 기념하기 위하여 유월절(Passover)을 큰 명절로 설정하게 되었다.

② 광야에서의 히브리 민족 (12:37~18:27)

이스라엘 백성들은 모세의 인도하에 출애굽하여 가나안 땅으로 출발하게 되었다. 하나님께서는 저들의 길을 인도하기 위하여 구름기둥과 불기둥을 내리어 저들을 보호, 인도하시고 홍해를 건너는 기적과 반석에서 생수를 내어 주시는 기적, 만나와 메추리를 내리시어 먹여 주셨다. 그러나 저들은 항상 불평과 불신앙의 소행을 함으로 40년간이나 광야에서 방황하게 되었다. 저들은 겨우 시내산에 도달하게 되었다.

③ 시내산에서의 히브리 민족 (19:1~40:38)

하나님께서는 모세를 시내산으로 불러 이스라엘 민족에게 십계명을 계시하시고 하나님 섬기는 법을 지시하셨다. 그 계명을 크게 둘로 나눌 수 있으니 첫째는 천륜으로 1~4계명까지인데 이는 하나님께 대하여 사람들이 할 일이며, 둘째는 인륜이니 5~10계명까지 사람들 사이에 행할 일이다.

그 외에 세부적인 법규와 하나님의 약속을 세우셨다. 그러나 저들은 우상, 곧 금송아지를 섬겼다. 그러므로 저들은 요단을 건너지 못했고 안타깝게도 모세 자신도 가나안에 들어가지 못했으며, 여호수아와 갈렙을 중심으로 새로 난 제2세 이후들만이 약속의 땅에 들어가게 되었다.

3. 레위기

●**명칭** : 레위기란 히브리어 원문의 명칭은 '와이크라'이며, 그 책의 첫 말을 따서 붙인 뜻은 '그리고 그가 부르셨다'이다. 우리말 성경에 레위기란 70인역(LXX)에서 나온 말로, 이 책에 기록된 제사의 예법을 레위 족속에게 맡겼다는 뜻이다. 즉 레위기는 레위

족속의 책(제사장들은 레위 족속에서 나왔다)이다. 히브리어 성경에는 명칭이 첫 세 단어 '그리고 그가 불렀다'로 기록되어 있다(내용을 중심한 명칭).

●**저자** : 레위기의 저자는 모세이다(1:1)

●**내용**

〈하나님께 예배드리는 방법〉

예배는 하나님께 대한 인간의 접근 방법의 하나이다. 이스라엘 백성은 하나님께서 성별한 민족인 동시에 레위족은 특히 제사직을 맡아 이 성직을 전담한 지파이다. "너희는 거룩하라 이는 나 여호와 너희 하나님이 거룩함이니라"라고 하셨다(19:2).

출애굽기 25:8~9에는 "내가 그들 중에 거할 성소를 그들이 나를 위하여 짓되 무릇 내가 네게 보이는 모양대로 장막을 짓고 기구들도 그 모양을 따라 지을지니라"라고 하였고, 레위기는 그의 연속으로 장막에 있어서의 예배 규정을 기록하고 그 규정과 함께 선민 이스라엘이 항상 하나님의 명령을 지킴으로 선민의 위치를 지키게 하셨다. 레위기의 모든 제사 제도는 죄인이 하나님의 은총에 의하여 예배드릴 것을 허용받은 제사라고 함에 큰 의미가 있다. 또한 제사드릴 때 무엇으로 어떻게 제사드려야 할 것을 취급하고 있다.

첫째 : 제사의 종류(1~7장).

1장 번제, 2장 소제, 4장, 속죄제, 5장 속건제, 7장 화목제,

둘째 : 제사장과 제사의 방법에 관한 규례(8~10장)

셋째 : 정한 것과 부정한 것의 규례(8~10장)

넷째 : 성결법전(17~26장), 특히 19장은 구약 성경 윤리의 최고봉이다.

다섯째 : 선민은 성별된 생활로써 제사직을 수행해야 될 것(19~20장)
여섯째 : 안식일, 안식년, 희년 등의 절기에 관한 규정(23~25장)

4. 민수기

●**명칭** : 히브리 원문은 베미드빠르(bemidhbar)이며, 뜻은 '광야에서'이다. 이 말은 본서 1:1에 있다. 우리말 성경의 민수기란 70인역(LXX)의 '수효들'(Αριθμοι)이란 이름에서 취한 말이다. 이 명칭은 본서에 계수한 일의 기록이 많은 데서 유래되었다. 이스라엘 백성이 시내산을 떠나기 전과 가나안 땅에 들어가기 전에 두 번이나 인구 조사를 했다.

●**저자** : 민수기의 저자는 모세이다.

●**내용** : 본서는 출애굽의 계속이다. 시내산을 출발하여 모압 평지에 이르는 38년 동안의 광야 생활을 기록하였다. 이런 긴 세월의 방황은 저들의 불신앙에 기인된 것이다. 모세의 인도하에 시내산을 출발하여 가데스바네아에 도착하여(10:11~14:45) 열두 지파의 대표 12사람을 택하여 가나안을 정탐하게 하였는데 그들이 40일 후에 돌아와 보고를 하였다. 열 사람은 하나님의 약속을 믿지 않고 두 사람은 하나님의 도우심이면 이길 수 있다고 하였다. 백성들은 열 사람의 보고에 놀라 낙심하였다. 그래서 하나님의 진노로 또다시 방황하게 되었다(13~14장). 가데스에서 후퇴하여 광야를 배회하는 저들은 성막 주위에 진을 쳤으니 하나님께서 저들을 보호하고 인도하시기 위하여 불기둥과 구름기둥을 내리셨다. 백성들은 원망죄로 징계도 받

고 불뱀에게 물려 죽기도 하고 우상을 섬긴 죄로 하나님께 징벌도 받았다(21~25장). 그동안 아론과 애굽에서 나온 사람들이 거의 다 죽었으며 위대한 지도자 모세도 모압 평지에서 가나안을 목전에 두고 일생을 마쳤다.

●**내용 분해**

① 시내산에서 출발의 준비를 갖춤(1:1~10:10)

② 시내산 출발과 모압으로 가는 과정(10:11~22:1)

③ 모압 평원에서 된 일(22:2~36:13)

5. 신명기

●**명칭** : 히브리어 원문은 데바림(devarim)이고, 뜻은 '말씀들'이다. 70인역(LXX)에는 '둘째 율법'(Δευτεγονο−μιον, To deuteronomion touto) 혹은 율법의 재술(17:19)이라는 뜻으로 번역되었다. 이는 모세가 모압 평원에서 다시 설명한 율법을 가리킨다. 우리말 성경에 '신명기'라고 한 것은 이런 뜻을 두고 붙인 명칭이다.

●**저자** : 모세

●**목적** : 이스라엘 민족이 광야 40년간을 마치고 모압 땅에 이르렀을 때, 모세는 하나님의 명으로 가나안에 들어가지 못하게 되었다. 그리하여 임종에 앞서 백성들에게 율법을 다시 말해주고 가나안에 들어가서 어떻게 행할 것을 권고하기 위한 목적으로 네 번이나 설교를 하였다. 본서의 내용은 서론, 과거의 회고, 현재의 반성, 장래의 희망

과 결론이다.

● 내용 분해

① 모세의 첫째 설교 (1~4장)

호렙산에서 모압 평지까지 이스라엘 민족의 여정을 회고하였다.

② 두 번째 설교 (5~26장)

율법에 대한 회고와 특별한 율법에 대한 해석을 하였다.

③ 세 번째 설교 (27~28장)

축복과 저주, 언약을 재강조하고 이스라엘의 충성을 다짐하였다.

④ 네 번째 설교 (29~30장)

⑤ 팔레스틴의 언약(모세의 말로) (31~34장)

모세가 생활과 직무에 충성하는 마지막 장면이다. 이스라엘 백성은 출애굽의 은총을 받았음에도 불구하고 하나님을 배반했다. 또한 어려운 일을 당할 때마다 두려워했다. 때로는 원망과 불평으로 벌을 받았다는 것이다. 즉 가나안에 들어갈 사람들은 하나님의 율법을 올바로 이해하고 전심전력으로 지켜야 할 마음을 일으키기 위해서는 율법을 해석해 줄 필요가 있었다.

모세는 십계명을 중심해 유일신 신앙을 강조하여 우상 숭배를 배척할 것을 당부하였다. 그 이유는 가나안에는 이방신을 섬기고 있었기 때문에 이에 물들기 쉬웠기 때문이다. 그래서 예배 장소를 한 곳으로 정할 것을 당부하였다(12:11). 신명기의 중심은 (26:5~11) '신앙고백'이다. 저들의 과거를 회상하면서 하나님이 주신 은총을 생각하고 하나님께 감사하고 민족이 단결하여 기뻐하기를 강조했다.

끝으로 모세의 노래(31:30~32:44), 모세의 축복(33장) 또한 모세는 비스가산 꼭대기에서 가나안 땅을 바라만 보고 들어가지 못하였으며 120세를 일기로 이스라엘 지도자의 대사명을 완수하였다.

제2장

선지서

구약성경의 제2부는 선지서(Prophecy)라고 호칭한다. 그 이유는 그 내용이 예언적이어서 예언서(Prophecy)라고 불리기 때문이다. 이 선지서는 제1부를 전선지서라고 부르는바 여호수아, 사사기, 사무엘 상·하, 열왕기상·하로 되어 있다. 히브리 원전에는 사무엘과 열왕기는 각 한 권으로 되어 있다. 이 네 선지서의 저자는 분명하지 않으나 가나안을 점령한 후부터 포로 시대의 신정국가가 붕괴될 때까지 하나님께서 그 신정국을 어떻게 경륜하셨는가에 대한 해석사(史)이다.

전선지서는 '후선지서'들을 정확하게 이해하도록 보충적 역할을 하여 거기에 필요한 배경을 제시하고 있다. 그뿐만 아니라 모세 오경 가운데 포함되어 있던 역사가 필연적으로 성취된 사실도 내포되어 있다.

6. 여호수아

●**명칭** : 이 명칭은 여호수아란 이름을 따서 붙인 것이다. 뜻은 '여호와는 구원이시다'이다. 그런데 히브리어에는 여호수아란 말이 네 가지 있다.

- 여호수아(신 3:21)
- 여호수아(yehoshua, 수 1:1과 동일함)
- 호세아(hoshea, 신 32:44)
- 여호수아(yeshua, 느 8:17) 등이다.
- 70인역(LXX)에는 즉 눈의 아들 여호수아(Joshua)로 되어 있다.

●**저자** : 여호수아(24:26). 어떤 부분은 여호수아의 사건을 친히 목도한 분이 영감을 받아서 쓴 기록도 있으나 여호수아가 당시 주도 인물이므로 여호수아의 저술이라고 말한다.

●**목적** : 본서의 목적은 약속을 지키시는 여호와의 신실성을 보여주는 데 있다(수 21:43~45).

하나님께서 이스라엘 조상들에게 가나안 땅을 주시겠다고 약속해 주셨고 여호수아는 전능하신 하나님의 도우심을 받아 가나안 땅을 점령하였다(23:14).

여호수아서는 모세 오경에 계시된 내용대로 실현된 사실을 보여준다. 곧 모세를 통한 하나님의 계약에서 여호와만 섬길 것을 강조함에 있다.

●**내용 분해**

① 가나안 정복(1:1~12:24)

가나안의 형편을 탐지하기 위하여 정탐꾼 두 사람을 보낸 일과 할 례를 행한 일, 여리고 성을 함락시킨 일, 아이성을 점령한 일, 아모리의 다섯 왕을 정복한 일 등 모세가 명령한 것을 잘 지켰다 (11:15).

② 가나안 땅을 열두 지파에게 분배함

르우벤, 갓, 므낫세 반 지파는 요단강 동편을 차지하고 레위 지파는 영토를 가지지 않고 도피성 지배권을 가졌다.

③ 여호수아의 마지막 말(24:14~15)

여호수아는 독실한 신앙과 성실한 실천력으로 주의 명령을 잘 감당하였다. 그는 마지막 유언으로 여호와만을 섬길 것을 말하였다.

7. 사사기

●**명칭** : 여호수아와 사무엘 사이에 이스라엘을 다스리던 통치자(사사, Shophetim)들로부터 호칭되었다.

●**저자** : 사무엘로 봄이 가하다. 그 증거로는 탈무드경과 왕정시대 초기(사울과 다윗시대)의 편집으로 보기 때문이다.

●**내용** : 여호수아가 죽은 후부터 사무엘까지 열두 사사의 역사를 기록했다. 하나님의 축복으로 가나안에 들어온 저들은 하나님을 배신하고 이방신을 섬겼으며 새로운 왕이 나서지 않아 혼란이 생겼다. 그래서 하나님께서는 저들의 잘못을 징책하시게 되셨으니 이방의 압박을 받게 되었다. 그러나 저들이 회개, 자복함으로 하나님께서 긍휼을

베푸사 그때마다 지도자들 곧 사법상의 통치자들을 세우사 저들을 구원하셨는데 이들을 사사라고 호칭한다.

사사(Judges)는 재판자로 세움을 받았으니 재판뿐만 아니라 민족의 지도자요 인도자로 일하였다. 많은 사사가 나온 것은 참 다행한 일이지만 저들이 자주 하나님을 배신함으로 일어난 혼란이 아닐 수 없다. 특히 유명한 사사는 드보라, 기드온, 입다, 삼손이며, 저들의 활동으로는 드보라가 가나안 왕 야빈의 대장 시스라를 무찌르고 그 민족을 해방시킨 일이요, 기드온이 300명 군사로 미디안 대군을 파하여 이스라엘을 해방시킨 믿음의 용사로 활동한 일이요, 삼손이 블레셋 사람들에게 많은 타격을 주었으나 들릴라의 간계와 유혹으로 하나님이 주신 비밀을 누설하여 힘을 잃게 되고 눈을 뽑힌 일도 있다. 이러한 혼란 중에도 하나님께서는 계속하여 배신하는 저들에게 사사를 보내 구해 주셨다. 12사사의 이름은 다음과 같다. 옷니엘, 에훗, 삼갈, 드보라, 기드온, 돌라, 야일, 입다, 입산, 엘론, 압돈, 삼손.

● **내용 분해**

① 하나님께 불순종하고 이방인들과 동맹함으로 가나안인을 쫓아내는 데 실패하게 되었다. 이 사건은 하나님의 심판이었다(1~2장).
② 하나님께서 12사사를 세우사 다스리게 하심(3~16장).
③ 사사 시대의 혼란과 타락에 대한 부가 설명(17~21장).

8. 사무엘서(상·하)

● **저자** : 저자는 사무엘로 선지자와 사사의 활동을 하였다(삼상 3:20).

탈무드(Talmud)경에는 사무엘이 이 책을 기록하고 자기 이름을 붙였다고 한다(Baba Bathra 14b). 그러나 사무엘 사후에 대한 기록도 있는 것을 보아(삼상 25:1, 28:3) 대부분은 자신이 기록하고 그 외의 부분은 선지자급의 인물이 부록으로 기록하였을 것이다. 그러나 사무엘서는 사무엘이 저자라고 함이 가하다. 히브리 성경에 의하면 사무엘상 · 하는 본래 한 권으로 되어 있으나 70인역에는 두 권으로 되어 있다.

●**내용** : 사무엘은 출생 후 하나님께 드려져 성지 실로에 있는 엘리의 집에서 양육을 받아 예언자가 되었다(3:1~12). 그리고 이스라엘의 법궤는 블레셋 사람에게 빼앗기게 되었다. 이때 사무엘이 사사로 뽑히게 되었다(7:3~17). 이스라엘 백성의 지도자들이 왕의 통치를 간청하니 사울 왕이 사무엘에 의해 기름 부음을 받게 되었다. 사울은 암몬 전쟁에서 승리하여 왕권이 확립되었고 블레셋과의 충돌에서는 그가 아들 요나단과 더불어 힘겨운 승리를 하였다. 그는 신앙이 떨어지고 범죄에 빠져 하나님의 말씀을 순종하지 않았으며 하나님께서는 사무엘을 시켜서 사울 왕의 폐위를 선포케 한 역사가 나온다. 그 후 하나님께서는 사무엘을 시켜 베들레헴의 목동 다윗을 왕으로 기름 부어 세우셨다. 그러나 다윗은 악신이 들린 사울 왕을 도와주고 사울 왕의 사위까지 되었지만 사울 왕의 시기로 죽임을 당할 뻔하였다. 사울 왕과 아들 요나단이 길보아에서 전사하니 다윗이 왕이 되었다. 다윗은 30세에 왕이 되어 사울의 잔적들을 멸하였다. 그는 또한 여부스 족속의 근거지였던 예루살렘을 점령하여 수도를 삼고 법궤는 다윗성으로 옮겨오고 주변 각 민족을 정복하여 국도를 확장하였다. 해안지대를 점령하고 블레셋을 파하고 동쪽은 모압 족속을 정복하고 북으로는

다메섹까지 점령하였다. 그 후 그는 많은 인재를 등용시켜 위대한 성군의 명성을 떨치게 되었다. 그러나 다윗 왕은 우리아의 아내 밧세바를 취했고 우리아를 전사하게 하였다. 이로 인해 하나님으로부터 나단 선지자를 통해 책망을 듣고 회개하였다. 그러나 그 죄의 보응으로 압살롬의 반역을 받았으며 결국은 아들의 죽음으로 슬픔에 잠기게 되었다. 그러나 성군 다윗은 성전 건축을 준비를 끝낸 것으로 본서를 마친다.

●**목적** : 왕국의 성립과 사무엘의 활동을 기록함에 있다. 사무엘은 사사요 선지자로서의 사명을 다한 것으로 사사시대와 초기 왕국을 연결시키는 사역을 하였다.

또 하나의 영적 목적이 있다.

저들은 혼란 시대에 사사들의 도움도 받아 보았고 왕의 도움도 받아 보았다. 그러나 그는 실지적이고 영구적이 못 된다. 그러므로 영구적인 왕 곧 만왕의 왕만이 완전하시고 영원한 통치자가 된다는 것을 기대하게 한 것이다.

●**내용 분해**

① 엘리의 아들들과 사무엘의 선발(삼상 1:1~3:2)

② 법궤를 블레셋인에게 빼앗긴 역사(삼상 4:1~7:2)

③ 사사로서 사무엘과 사울 왕의 즉위에서 폐위까지의 기사(삼상 7:3~15:35)

④ 다윗 왕의 즉위와 사울 왕과 요나단의 최후(삼상 16:1~31:13)

⑤ 다윗 왕의 선한 업적(삼하 1:1~10:19)

⑥ 다윗 왕의 범죄와 그 후의 사건들(삼하 11:1~20:26)

⑦ 다윗 왕의 말년 통치(삼하 21:1~24:25)

9. 열왕기서(상 · 하)

● **저자** : 예레미야(Baba Bathra 15a. 왕하 24:18~25:30).
탈무드경(Talmud)에 의해 알 수 있으며, 열왕기상 · 하는 본래 한 권으로 되었으나 희랍어로 번역될 때 두 권으로 나누어졌다.

● **내용** : 다윗의 말년에 그의 후계자 솔로몬 왕의 즉위로부터 그의 치세기간의 일들과 솔로몬이 죽은 후 이스라엘과 유다 왕국의 분리 그리고 여러 왕들의 치세가 나온다. 이스라엘이 먼저 앗수르에 멸망되고 그 후 유다도 바벨론에 의해 멸망된 일들을 기록하였다.

솔로몬 왕이 죽은 후 이스라엘의 12지파(유다와 베냐민을 제외한)가 여로보암을 왕으로 하여 솔로몬의 아들 르호보암에게 반역하고 사마리아를 중심으로 북왕국을 건설하여 유다와 베냐민 지파를 중심한 남왕국에 있는 예루살렘에 예배하러 가는 것을 금하기 위하여 단과 벧엘에 금송아지 우상을 만들어 섬기게 한 것은 큰 실정(失政)이었다. 그래서 북왕국은 우상국이 되었고 그 벌로 앗수르의 침공을 받아 멸망하였다(왕하 17장). 남왕국인 유다 왕국도 점차 쇠퇴하여 결국 바벨론에 의하여 멸망하였다.

● **내용 분해**

① 다윗 왕의 후계자 선포와 국정 인계(왕상 1:1~2:46)

② 솔로몬의 통치 역사(왕상 3:1~11:43)

③ 솔로몬 왕의 성전 건축과 봉헌, 왕국 건축(왕상 5:1~9:28)

④ 분열 초기의 남, 북국 역사(왕상 12:1~16:28)

⑤ 이스라엘의 아합 왕가와 유다 왕 여호사밧, 여호람, 아하시야 시대 (왕상 16:29~왕하 10:29)

⑥ 이스라엘 왕 예후부터 이스라엘의 멸망까지(왕하 10:30~17:41)

⑦ 이스라엘 멸망 이후 유다의 역사(왕하 18:1~25:30)

후기 선지서

10. 이사야

●**뜻** : 여호와께서 구원하신다[예샤(구원)와 야후(여호와)의 복합어].

●**저자** : 이사야

●**내용** : 웃시야 왕이 죽던 해(B.C 759)에 선지자의 직분을 받음. 그의 선배 아모스, 호세아가 북방 이스라엘의 예언자였던 것에 반해 이사야는 남왕국의 요담, 아하스, 히스기야 세대에 40~60년간 활동을 하였다. 유다의 전통에는 사악한 므낫세 왕에 의해 순교당했다고 전해진다(톱으로 이사야의 몸을 토막내어 죽였다고 한다).

이사야는 그 가족과 함께 하나님의 사역을 지켰다. 이사야서가 특히 유명한 것은 주전 700년에 벌써 예수님의 출생, 성장, 역사, 고난, 부활, 재림, 심판, 신천신지들을 눈으로 보는 것같이 세밀하게 예언한 것이다. 이사야서는 두 부분으로 볼 수 있다. 12~39장까지는 주로 하나님의 심판을 전하고 40~66장까지는 하나님의 구원을 전하고 있다. 이사야가 예언한 시대는 정치적으로, 신앙적으로 혼란기였다. 10지파는 북쪽에 이스라엘을 세웠고, 2지파는 남쪽에 정통적 유다 왕국을 유지하고 있었다. 북왕국은 이사야가 예언하던 주전 722년에 앗수르에 의해 멸망했고 유다도 많은 침략을 받았으나 조금도 회개하지 않고 있을 때 이사야가 부름을 받았다.

〈유다 예루살렘의 죄상〉

① 하나님을 배반하고 우상을 섬겨 아브라함의 전통신앙을 떠나 짐승같이 되었다.

② 의식적인 죄로 무수한 재물을 드렸으나 불신앙적으로 드렸다.

③ 부도덕의 죄를 범했으니 모세 오경의 선행은 않고 창녀, 살인자, 도둑같이 된 것이다.

이사야는 회개하고 하나님께 돌아오면 축복해 주실 것을 전했고 하나님께서는 남은 백성의 구원을 전제하고 계심을 보게 된다.

6장은 이사야의 소명.

7장은 수리아와 에브라임 전쟁에서 믿어야만 살 수 있다고 격려함.

8~9장은 예수 그리스도의 예언, 평화시대의 예언 기록.

10~20장은 이스라엘의 거룩한 자를 의뢰하라고 권면함.

23~27장은 이방세계에 관한 예언.

28~35장은 이스라엘과 유다에 하나님의 말씀을 선포.

40~66장은 이스라엘을 위한 축복, 바벨론에서 해방되어 장차 오실 메시아의 축복이다. 실로 고레스 왕에 희망을 걸고 해방의 환희를 노래하며 하나님께서 세계를 지배할 것을 노래한 것으로 우상을 버리고 하나님께로 돌아와 구원받으리고 예인함.

● **내용 분해**

① 제1부(1~39장)

- 아하스 왕 때 선지자가 내다본 전망(7~9:6)
- 북국 이스라엘을 대항하는 앗수르의 침략(9:7~10:4)
- 이방 나라들에 대한 최후 예언(13~27장)
- 유대의 원수 앗수르는 망하고 새로운 원수가 나오게 됨(28~39장)

② 제2부(40~66장)

- 유대인들을 바벨론에서 구원할 고레스 왕이 일어날 것과 그 할 일(40~48장)
- 메시아의 하실 일(40~57장)
- 여러 가지 결론적 예언(58~66장)

11. 예레미야

● **저자** : 예레미야

● **뜻** : 여호와께서 던지신다.

● **내용** : 여호야김 왕 제4년에 하나님께서 예레미야에게 그의 모든 예언을 기록하라고 하셨다. 그는 서기 바룩을 시켜 그 모든 예언을 불러주어 그대로 베끼게 하였다. 그러나 그 책이 여호야김 왕으로 인해 불살라졌다(36:9~23). 그래서 여호와께서는 예레미야에게 처음 것과 같이 기록하게 하셨다(36:28).

〈예레미야의 소명〉

그는 힐기야의 아들로서 아나돗에서 출생했다. 그는 매우 젊어서 소명을 받았다(1:6). 곧 요시야 왕 13년(1:2, 25:3) 주전 628년경 50년간 예언했고 예루살렘의 최후 멸망 후까지 예언했다. 그는 하나님의 계시로 예루살렘의 멸망을 내다보았다(1:11~16). 그는 고향에서도, 가족에게도 배척을 받았다(11:18~12:6). 그가 소명된 지 5년(주전 623년)에 요시야 왕이 성전에서 율법책을 발견하고 종교개혁을 전개했다(왕하 22~23장).

요시야 왕 후에 4명의 왕이 뒤를 이었으나 심히 약하여 바벨론과 애굽 양 대국 사이에서 정치의 안정을 기하지 못하고 마침내 586년에 망했다. 예레미야는 이스라엘의 가장 위기에서 40년이란 긴 세월을 예언하였으니 그의 고독과 비애는 말할 수 없었다. 그래서 그의 별명은 눈물의 예언자라고 한다. 이러한 혼란 속에서 유다 왕과 그 백성들은 애굽을 의뢰하자고 하고, 예레미야는 바벨론에 붙는 것이 좋다고 한다. 그것은 바벨론이 좋아서가 아니라 애굽보다 강하여 많은 희생을 내는 것을 원치 않았기 때문이다.

그러나 예레미야의 깊은 뜻을 알지 못하는 사람들은 그를 죽이려고까지 했다. 그러나 그는 조금도 굴하지 않고 왕과 백성들에게 경고를 하였다. 이러한 어려움 중에도 하나님께 예언자직을 벗게 해달라고 애원하였다. 그러나 하나님은 이를 허락지 않으셨다. 그는 기도의 사람으로 기도로 힘을 얻고 외쳤다. 예레미야의 기도는 진실과 참 마음의 회개였다. 그러나 저들은 하나님을 믿지 않고 율법을 어기고 자비가 없었다. 그래서 예레미야는 하나님의 심판을 기정사실로 알았다. 선지자는 이 일을 인하여 탄식하며 울었다. 지난날의 모세의 낡은 계약은 저들의 불신앙으로 파하고 하나님께서는 긍휼로써 새 계약을 이스라엘 집과 세운다는 것이다.

●**내용 분해**

① 예레미야의 소명(1장).

② 요시야 왕 때 임한 하나님의 경고와 책망(1~20장).

③ 주로 시드기야 왕 때 예레미야의 예언으로서 바벨론으로 말미암아 유다 민족에게 실시될 심판에 관한 예언과 메시아로 말미암은 구원 약속(21~33장).

④ 예루살렘의 멸망 전후에 예레미야에게 있는 노고와 수난(34~45장).

⑤ 열국에 대한 예언(46~51장).

⑥ 예루살렘 함락의 역사와 시드기야 왕과 그 백성의 종말에 대한 말씀, 여호야긴의 석방(52장).

12. 에스겔

●**뜻** : 하나님께서 강하게 해주신다.

●**저자** : 에스겔. 그는 제사장이었는데 예루살렘은 바벨론 나라에 세 번이나 멸망당했다. 제1차는 주전 606년의 함락, 제2차는 주전 598년이고, 제3차는 주전 586년인데 전멸하였다. 에스겔은 제2차 함락시에 잡혀갔고 다니엘은 제1차에 잡혀갔으나 예언 활동은 에스겔이 먼저 끝났으므로 다니엘서보다 앞섰다. 그의 소명은 여호야긴 왕이 포로되어 간 제5년 주전 593년이고 그는 주전 598년 예루살렘이 함락될 때 많은 귀족들과 함께 바벨론으로 끌려가 집단생활을 했다. 그는 포로로 잡혀 갔을 때 나이가 25세쯤이었을 것이다. 그는 예언자 활동을 22~27년쯤 한 듯하다(29:17).

● **내용** : 이스라엘 민족의 절망적인 포로생활 속에서도 하나님의 전능하심이 임하시면 소생하여 부활의 새 생명을 얻을 것을 예언한 것이다.

● **내용 분해**

① 에스겔의 소명(1~3장)

② 유다와 예루살렘에 대한 심판(4~24장)

③ 인근 이방 나라들에 대한 심판(25~32장)

④ 이스라엘의 회복(33~39장)

⑤ 이스라엘의 구체적 부흥계획(40~48장)

그의 사명은 절망 중에서도 하나님의 능력이 임하시면 회복될 것이라는 예언이었다. 나라는 멸망했으나 개인의 책임을 잘 수행할 것과(18:20) 하나님께 대한 의식을 엄숙히 하여야 할 것을 강조했다. 특히 에스겔서 37장의 마른 뼈들의 부활은 본서의 내용을 잘 나타내고 있다.

12소선지서

히브리어 구약성경 원본 정경에는 12소선지서가 한 책으로 되어 있다. 이 12책은 대선지서들이 가지고 있는 사상을 동일하게 포함하고 있다.

① 열국을 들어 이스라엘을 징계한다는 것

② 이스라엘 민족이 각국에 분산된다는 것

③ 열국의 멸망

④ 이스라엘의 남은 백성인 신자들을 위로함

⑤ 메시아가 오심으로 말미암아 이스라엘의 남은 백성이 구원받음

⑥ 세계 모든 민족들 가운데서 여호와께로 돌아오는 자들이 많을 것을 예언

13. 호세아

●**뜻** : 구원

●**저자** : 이 책의 저자는 호세아로 12소선지 중 한 사람이며 북쪽 이스라엘의 시민이다. 60~65년간 선지 활동을 하였으며, 또한 북쪽 이스라엘의 선지자로서 예후의 집을 거스려 예언하였다. 그는 여로보암 Ⅱ세의 말기 곧 주전 8세기 중엽에 활동하였으니 이사야, 미가는 호세아보다 젊은 동시대의 선지자들이었다(1:4).

●**내용**

① 호세아 시대의 죄악상

선지 사역이 시작된 때에 그 나라는 부흥되었다. 그때 이스라엘 왕들이 종교적 부패에서 떠나지 못했고 예후가 바알 종교를 철폐하였으나 여호와를 바알종교의 의식으로써 공경하는 일을 여전히 계속하였다. 이스라엘 민족은 이교주의와 타협하여 부패했다(4:1~2). 호세아는 이스라엘을 음녀로 비유하면서 그들의 죄악을 지적하고 그들이 주님의 은혜로 돌아오게 됨을 보여주었다.

② 호세아가 음녀를 취한 일의 상징적 행위

호세아는 하나님의 명령을 따라 음녀를 취함에 순종했으나 이는 상징적 의미를 가진 계시라고 한다. 이 계시는 하나님께서 택하신 백성을 사랑하심을 보여준다.

●**내용 분해**

① 이스라엘의 음행(1~3장)

② 이스라엘의 불경건과 그들이 받은 벌, 그들이 받을 최후적 구원(4~14장)

14. 요엘

●**저자** : 브두엘의 아들 요엘(욜 1:1)

●**연대** : 유다 왕 여호람(주전 849~842)과 아마샤 왕(주전 797~779) 사이

●**내용** : 요엘은 메뚜기 재앙과 한재가 유대 민중을 징계하는 방편이라는 의미에서 유다와 예루살렘의 각성, 반성, 애통, 회개를 독촉함(1:5, 8, 11, 13, 14; 2:12, 13, 15~17).

① 충재의 현실 묘사

② 충재의 재료로 장차 앗수르군의 침입을 전형적으로 표현(1:6, 2:2, 2:17)

곧 메뚜기 재앙도 무섭지만 장래에 앗수르 군대도 무섭다는 것이다. 저들이 그 경고를 듣고 회개하면 역시 이중 구원을 거둘 것이다. 첫째는 목전에 있는 천재에서 구원되고, 둘째는 장래 앗수르

군대의 화에서 구원이다.

● **내용 분해**

① 메뚜기 재앙을 통하여 예시된 장래의 여호와의 날(1장).

② 장래 여호와의 날이 있을 역사적 사건들(2장).

③ 여호와의 날에 있을 역사적 사건들(3장).

15. 아모스

● **명칭** : 아모스의 이름에서 호칭됨

● **저자** : 아모스

● **소명** : 전에는 드고아의 목자였다(1:1~3:12). 자신은 뽕나무를 기르는 자였다(7:14). 그는 주전 785~744년 남쪽 유다 왕국에서 북 이스라엘 선지자로 넘어갔다. 그러나 자기 나라에 대해서도 예언했다(B.C. 810~783). 그는 26년간 활동하였다. 그 시대는 국력이 왕성했던 때이니 남국은 웃시야 왕의 블레셋과 에돔, 암몬 등을 이기고 군비를 강화하였다(대하 26장). 북은 여로보암이 수리아를 완전히 이기고 국토를 본래대로 회복한 때였다(왕하 14:25~28). 그리하여 이스라엘은 교만했고 빈민을 학대하는 일이 많았다. 이때 빈민 중 하나인 아모스가 선지자로 세움을 받았다.

● **목적** : 북이스라엘은 하나님의 약속과 은혜를 거절하고 교만하였다. 오히려 하나님이 미워하는 우상숭배, 향락, 방탕, 부도덕, 압박, 강탈, 뇌물 곧 부정부패가 가득 차 있었다. 이러한 세대에 아모스를 통하여 하나님의 공의의 심판이 박두함을 경고하였다. 그러나 이 경고

는 그리스도를 통한 구원의 약속을 보이시려는 데 있다.

● **내용 분해**

① 서론(1~2장) (전편의 서론)

유다와 이스라엘 주위에 있는 모든 민족들에게 먼저 선언, 그 후 유다와 이스라엘이 죗값으로 받을 벌을 예언했다.

② 선지자의 책망(3~6장)

이스라엘을 회개시키려고 여러 가지로 책망한 말씀이다.

③ 심판과 구원(7~9장)

다섯 가지 이상을 말하고 심판과 구원을 말했다.

16. 오바댜

● **명칭** : 오바댜 자신의 이름으로 호칭됨

● **뜻** : 여호와의 예배자 또는 종

● **저자** : 본서의 예언이 예루살렘에서 된 것으로 보아 유대인 중 한 사람인 오바댜의 기록이다. 이 이름은 약 12회 나오나 다르다. 시기는 예루살렘이 외국의 침략을 당한 때였다.

● **내용** : 이방인들이 예루살렘 성문 안에 들어와 예루살렘을 점령하였던 사실을 관설했다. 예루살렘이 정복된 일은 느부갓네살 왕의 침략 전에도 여러 차례 있었었다(왕상 14:25, 대하 12:2, 14:13, 25:23).

본서는 예레미야보다 훨씬 전의 것이다(11~14). 이스라엘과 에돔은 그 조상을 야곱과 에서에게 두니 결국 한 형제이다. 그러나 이스라엘이 가나안에 들어갈 때 길을 차단했다. 두 나라는 서로 원수시했다. 이스라엘이 망할 때 기뻐했고 유다 남쪽을 점령했고 이스라엘 피난민을 원수에게 넘겨주었다. 그러나 오바댜는 에돔이 완전히 멸망할 것을 예언하였다. 저들이 멸망한 원인은 교만과 몰인정(1:10~16)이다. 또한 오바댜는 열국에 내릴 최후의 심판을 예고하고 유다 민족의 최후 구원과 승리를 선포했다(1:17~21).

17. 요나

●**뜻** : 비둘기

●**저자** : 요나, 그 아버지는 아밋대(정직함)이다.

요나는 풍유, 신화, 우화가 아니고 역사적인 사건이다(마 12:39, 16:4, 눅 11:29). 저작 시기는 여로보암 2세 시대이고 그의 저술인 본서는 유대인들이 앗수르에 포로 되기 전에 기록되었을 것이다(왕하 14:25, 주전 781~722).

●**내용**

① 요나는 소명받고 앗수르의 수도 니느웨로 가서 회개치 않으면 멸망한다고 외치게 되었다. 그러나 앗수르는 히브리인과 큰 원수였기 때문에 다시스로 도망하였다.

② 요나가 탄 배는 재난을 만났고 책임을 추궁하기 위해 제비를 뽑았는데 요나가 뽑혀 바다에 던져졌다.

③ 바다는 잔잔해지고 하나님께서 예비하신 큰 물고기가 요나를 삼켰다. 거기서 회개하고, 땅에 토함을 받아 소명에 순종했고, 니느웨성은 구원을 받았다. 그는 불평을 못 이겨 죽음을 구했다. 성벽 밑에 앉아 있을 때 박넝쿨이 자라서 뜨거운 햇볕을 가려주어 기분

이 안정되었으나 갑자기 벌레가 박넝쿨을 갉아먹어 시들게 되었다. 그는 다시 불평했다. 이때 하나님은 한 그루의 박넝쿨이 말라버림으로 요나가 비참하게 되었다면 니느웨의 12만 명과 육축의 멸망이 얼마나 비참하고 아까운 것이겠느냐고 교훈을 주셨다. 요나서는 하나님의 사랑이 이방에 미치는 모습을 경험하게 한다.

● **내용 분해**

① 요나의 소명과 불순종과 벌(1:1~16)

② 요나의 구원과 노래(2:1~10)

③ 요나의 외침과 니느웨의 회개(3:1~10)

④ 하나님을 제한하는 불합리성(4:1~11)

18. 미가

● **저자** : 미가(사사기 17:1, 4 미가야후)

미가는 모레셋에서 주전 8세기 후반기에 남쪽 유다의 선지자로, 이사야 선지자와 같은 시대에 사역했다. 그는 당시의 그릇된 신관에 물들지 않고, 하나님은 생명 없는 의식 종교를 원치 않으시고 자비와 공의를 찾으신다고 했다. 그 시대의 죄악을 책망하고 유다, 이스라엘의 멸망을 힘차게 전파했다. 이스라엘의 장래를 보여주어 곧 메시아로 인한 구원과 축복도 전했다. 이스라엘의 원수인 앗수르에 대하여도 말씀했다(5:5~6).

● **내용 분해**

① 첫째, 이스라엘과 사마리아의 멸망 예언

- 이스라엘이 받을 심판(1:2~5)
- 사마리아의 멸망, 유다의 함락(1:6~16)
- 지도자들의 죄악(2:1~5)
- 거짓 선지자들의 행동(12:6~11)
- 이스라엘의 남은 백성의 회복에 대한 예언(2:12~13)

② 둘째, 멸망과 구원의 예언

- 시온의 멸망의 원인, 지도자들의 죄악(3장)
- 말일에 있을 시온과 이스라엘의 영광(4:1~8)
- 바벨론에서 돌아올 것과 승리할 것(4:9~13), 메시아가 출생하시어 저들을 보호하시며 평화의 왕국 건설(5:1~15)

③ 셋째, 구원의 길을 보이심

- 이스라엘 백성에게 하나님은 은혜를 추억하게 함(6:1~5)
- 여호와를 경외하는 법(6:6~8)
- 하나님께서 벌하실 그 시대의 죄악을 지적함(6:9~7:4)
- 사람을 믿지 말라(7:5~6)
- 신자의 받을 구원(7:7~10)
- 신약 시대의 메시아 왕국(7:11~20)

19. 나훔

● **뜻** : 위로자

● **저자** : 나훔. 앗수르 나라에 잡혀간 이스라엘 백성을 위로함. 앗수르

의 멸망(주전 606) 전에 기록되었고 요나서와 대조된다. 요나의 예언과 니느웨의 구원, 하나님의 자비, 나훔은 그 멸망을 보여 준다. 하나님의 공의와 엄위가 합해서 하나님의 완전성을 보여준다.

●내용 분해

① 압제를 진멸하시는 하나님의 목적(1장)

② 니느웨 정복의 기쁜 소식(2장)

③ 니느웨의 멸망(3장)

20. 하박국

●뜻 : 포옹(1:1)

●저자 : 하박국

●연대 : 요시야 시대의 예언자(주전 609~604년 초기)

●내용

① 제1부

선지자와 하나님 사이에 이루어진 대화로 유다에 대한 하나님의 심판이요, 그 심판은 갈대아 사람의 침입이다. 그러나 갈대아 사람들도 필경 저들의 교만으로 망할 것을 선포한다. 즉 갈대아와 유다에 대한 예언이다. 교훈은 악인의 망함과 의인의 흥함을 말한다(2:4). 이 예언은 온 세계에 하나님을 아는 지식을 충만케 함을 내다본 것이다(2:14)

② 제2부

갈대아인들이 받을 심판의 내용이 시적으로 진술된다. 이는 곧 악인을 벌하시는 주님의 심판 행위로 밝혀진다(3~4장, 롬 1:17; 갈 3:11; 히 10:38). 바울은 믿음으로 의롭다 함을 얻는 그의 교리를 증거하기 위하여 이 구절을 인용했다.

21. 스바냐

● **뜻** : 여호와께서 숨겨 주시는 자

● **저자** : 스바냐

● **연대** : 요시야 왕 시대(주전 641~610) 예레미야와 동시대의 예언자

● **내용** : 1장에는 종교가 개혁되었다고 하지만 여호와를 경배함은 말뿐이요(1:4), 여호와를 섬김에 무관심(1:12)하며 여호와는 복도 화도 내리지 않는 분이라 하였다(1:12). 2장에서는 수치를 모르고, 3장에서는 도시들이 패역하고 더럽혀졌다(3:1).

바알 숭배 사상은 그들의 마음에 뿌리박고 있었다. 또한 집권자들은 율법을 무시하고 부패 일로에 있었으며 선지자들은 참 하나님의 말씀을 예언치 않았다(3:3~4). 앞에 있을 환난 곧 바벨론이 유다를 침입할 것을 모르고 현실과 안일에 도취하고 있음에 스바냐는 오히려 경고를 했다.

22. 학개

● **명칭** : 학개 저자의 이름으로 호칭

●**뜻** : 경절(나의 기쁨)

●**저자** : 학개

●**연대** : B.C. 520년경. 2개월 후에는 스가랴가 나타났고, 약 100년 후 말라기가 출현, 학개는 스가랴와 동시대이다.

●**목적** : 바벨론 포로 70년 후 포로에서 돌아온 이스라엘 백성을 격려하여 성전을 건축시키는 일이다. 이는 바사 왕 고레스의 칙령으로 많은 사람들이 1차로 돌아왔다. 그러나 저들은 당장 살아갈 만한 의식주 문제가 어려워진 데다 흉년이 들고 사마리아인들의 극심한 방해로 성전재건은 중단되었다. 이때 두 선지자가 나타났으니 학개와 스가랴였다. 학개는 저들에게 하나님의 집이 황폐하여 있는데 자기 개인들의 생활을 앞세우는 것은 옳지 않다고 하였다.

●**내용 분해와 해설**

① 1장 : 총독 스룹바벨과 제사장 여호수아에게 일반 백성들을 권하여 성전을 짓도록 하였으며 사생활로 등한히 한 일을 꾸짖었다.

② 2장(1~9) : 이스라엘 백성을 위로함. 즉 현재의 고난은 많으나 둘째 성전은 첫 번째 것보다 큰 영광을 지니겠다 함.

③ 2장(10~19) : 곧 세 번째 예언은 저주의 그침과 축복의 회복 곧 하나님의 축복이 올 것.

④ 2장(20~23) : 이스라엘 왕국의 보전과 열방의 붕괴 곧 총독에 대한 마지막 예언으로, 역사의 주인이요 택하신 종이 마침내 통치하는 날이 온다는 것이다.

23. 스가랴

●**명칭** : 스가랴(Zechariah) (1:1, 7, 7:1)

●**뜻** : 여호와는 기억하신다.

●**저자** : 스가랴. 잇도의 손자요, 베레갸의 아들이다.

●**연대** : B.C. 520년경

●**역사적 배경** : 유대인들은 바벨론에서 70년간 포로 생활을 끝내고 1차 귀환하게 되었다. 이는 바벨론이 망하고 메대 바사가 승리함으로 고레스 왕이 특령을 내려 고국에 돌아가 성전을 건축하라고 하였다. 이는 하나님의 특별한 섭리요 은총이었다. 고국에 돌아온 저들은 정치적, 경제적, 종교적으로 어려운 시련에 부딪히게 되어 낙심하여 이제는 성전 건축할 때가 아니라고 낙심 중에 10여 년이 흘렀다. 이때 하나님께서는 학개를 세워 저들을 책망도 하고 격려도 하여 성전 건축을 하게 하였다. 스가랴는 학개보다 2개월 후 예언을 시작하였는데 그때는 다리오 2년이었다(느 12장; 스 5:1, 6:14; 학 1:15). 그는 귀환 시 스룹바벨과 여호수아와 함께 돌아왔는데 제사장이었다(느 12장).

●**예언의 목적** : 성전 재건을 위한 격려.

●**내용 분해**

① 서론(1:1~6)

② 밤의 이상들(1:7~6:15)

③ 금식문제(7:1~8:23)

④ 세상 권세와 하나님 나라의 장래(9:1~14:21)

24. 말라기

●**명칭** : 말라기의 이름을 따름(1:1)

●**뜻** : 나의 사자 혹은 여호와의 사자(3:1)

●**저자** : 말라기(이는 역사적 인물이다)

●**연대** : B.C. 440~410년경

●**목적** : 포로에서 돌아온 저들은 하나님께 합당한 존귀를 표시하지 않을 뿐 아니라 제사장들은 율법에 위배된 교훈을 말하여 많은 사람을 넘어지게 하였다. 백성 역시 제사장을 본받아 이방 여자와 결혼하고 이혼을 마음대로 하고, 십일조도 하지 않았다. 학개와 스가랴 선지자는 성전 재건을 위한 격려와 경책을 위하여, 말라기는 성전을 무시하고 성전 예배를 더럽히는 백성들을 책망하기 위하여 소명되었다.

3장에서는 메시아의 오심에 대하여 길을 준비할 여호와의 사자를 보내실 때 누가 감히 남겠는가, 주의 축복에 참예하려면 그의 율법을 지켜야 할 것이다. 또한 여호와의 날이 임할 때 의인과 악인은 구별이 생길 것이다. 그러므로 국가는 모세의 율법에 순종해야 하며 크고 무서운 날이 나타나기 전에 메시아가 올 것을 믿어야 할 것이다.

제3장

성문서

성경에는 많은 시가 있다. 그러나 유대인들은 전통적으로 시편, 잠언, 욥기를 꼽는다.

이 세 책을 가리켜 에메트(진리)의 책이라 하는데, 이는 각 세 책의 첫 글자를 따서 지어진 말로, 욥기는 메살림, 시편은 테히림이라고 한다. 이 세 책의 내용은 대부분 교훈적이며 서정적인 표현으로 죄인들에게 주어진 영적인 하나님 말씀의 표현일 것이다.

시가서

25. 시편

● **명칭** : 히브리 명칭에는 '찬양들'(테히림)이라 호칭되었고 70인역

(LXX)에는 '시편'이라 호칭되었다. 라틴 벌게이트(Vulgate)는 이것을 따라 같은 이름 '찬송의 책'(Liber Psalmorum)으로 되어 있다. 시편 자체에도 '시'(미즈몰 : מִזְמוֹר)로 되어 있고 신약에서도 이 책을 시편이라 하였다(눅 20:42, 행 1:20). 영어의 시편(Paslms)은 라틴어(Liber Psalmorum)에서 나온 말이다.

● **저자** : 다윗

① 첫째, 표제가 다윗으로 된 것은 '다윗의 시'이다.

신약에 증거되었다(행 2:25~28, 13:35, 롬 4:6~8, 11:9~10, 마 22:43~44). 사도행전 2:24~25에서도 시편 110편을 다윗의 저작으로 여겼다. 구약 성경(삼상 16:23; 암 6:5; 삼하 1:19~27)에는 다윗이 악사였음을 입증한다.

② 둘째, 표제가 없는 시편

다윗의 시군에 끼어 있는 것은 다윗의 시로 보는 견해가 크다(시 10, 23, 66, 67, 71편).

시편 2편은 표제가 없으나 신약 성경은 다윗의 시라고 지적했다(행 2:25).

③ 셋째, 아삽과 고라 자손의 시

- '아삽의 시'란 아삽이 쓴 시편이다. 아삽은 다윗과 같은 시대의 선견자요, 시인이었다.
- '고라 자손의 시'

  표제가 있으나 저들의 저술이 아니요 영감된 시편을 저들이 보관하여 왔다는 것이 바른 학설 같다.

●**편집 시기** : 점차 이루어졌다(대상 6:31, 16:4, 대하 7:6, 23:18, 29:30). 에스라가 최후 시편들을 결집한 것으로 본다.

●**목적** : 어떤 시편은 예배를 위한 목적으로 저술되었으나 보다 많은 시편들은 신앙 생활의 지침으로 사용되기 위함이었다.

칼빈은 '영혼의 모든 부분에 대한 해부'라고 하였다. 또한 모든 시편은 주로 개인의 신앙 체험을 표현한 것이며, 개인 신앙의 부흥을 기록했다.

●**내용 분해**

시편은 다섯 부분으로 구분된다.

① 제1권 1편 ~ 41편

② 제2권 42편 ~ 72편

③ 제3권 73편 ~ 89편

④ 제4권 90편 ~ 106편

⑤ 제5권 107편 ~ 150편

또한 각 권마다 송영으로 끝난다.

구약 성경에는 시편 외에도 많은 시를 포함하고 있다. 아마도 이스라엘 민족은 시적 재질이 풍부한 것 같다.

시편 기자는 찬양을 통하여, 감사와 기도를 통하여 하나님께 직접 말씀했고, 신뢰와 교훈적인 시를 통하여 간접으로 말씀했다. 그러므로 시편 기자의 사상과 감정은 하나님께 향한 것이 분명하다.

어떤 시편은 성전에서 하나님께 드리는 예배 의식에 사용되었으나 더 많은 시편은 신앙생활의 지침으로 사용되기 위함이었다. 또한 후대에는 가정에서도 애용되었다. 그리고 그 내용을 살피면 이스라엘 민족은 특수한 종교적 민족임도 보여진다. 또한 시편은 과거 수천 년 동안 하나님의 백성들에게 예배드리는 것과 하나님과 영교하는 방법도 가르쳐 주었다. 앞으로 더욱 하나님께 대한 신뢰와 기쁨을 넘치게 할 것이다.

26. 잠언

●**뜻** : 격언과 지혜

●**저자** : 솔로몬(1:1)

① 본서의 대부분이 솔로몬의 기록이다.

그 표제는 '솔로몬의 잠언'이라 했다.

② 기타 저작자들

- 지혜로운 자(24:2~34) '지혜로운 자의 말씀' 솔로몬 외의 다른 사람이다. 지혜로운 자란 원문에 복수 명사로 되어 있다.
- 아굴(30:1~33) : 야게의 아들 '아굴의 잠언'이라 했다.
- 르무엘(31:1~31) : '르무엘 왕의 말씀' 그 어머니에게서 들은 잠언을 기록했다. 저들의 신분에 대해서 자세한 것은 모르나 영감으로 기록되었으므로 정경에 포함되었다.

●**잠언의 정경성**

① 예수님께서 잠언의 사상을 나타내심.

누가복음 14:10(잠 25:6~7), 마태복음 6:11(잠 30:8), 누가복음 7:35(잠 8:1~36) "지혜는 자기의 모든 자녀로 인하여 옳다 함을 얻느니라."

② 신약 저자들이 잠언을 인용함.

- 바울 : 로마서 12:20-잠언 25:21~22; 고린도전서 1:21-잠언 20:27; 히브리서 12:5-잠 3:1
- 야고보 : 야고보서 4:6-잠언 3:34
- 베드로 : 베드로전서 2:17(잠 24:21; 벧후 2:22; 잠 26:11).

● **내용** : 본서의 내용은 사람의 사회적, 영적 혹은 도덕적 생활에 관한 일반적 진리를 기록한 것이다. 인간에게 주어진 지혜의 말씀으로 인간이 어떻게 살아가야 할 것인지를 알려 주신 귀한 하나님의 말씀이다. 9:10은 그 대표적 말씀이다. "여호와를 경외하는 것이 지혜의 근본이요 거룩하신 자를 아는 것이 명철이니라"라고 하였다. 특히 유대인들(영적 그리스도인)에게 주어진 하나님의 지혜의 말씀이다. 그러므로 솔로몬의 지혜는 단순한 한 인간의 이성에서 나온 것이거나 인간의 경험에서 얻어진 지혜의 말씀이 아니다. 하나님께서 인간에게 주신 율법이라고 할 수 있다. 실로 하나님의 이 지혜의 말씀은 신약의 산상수훈과 같은 것으로 천국 시민의 생활 윤리라 할 수 있다. 우리는 이 말씀을 따라 살면 복 있는 사람이 될 것이다. 특히 14:32에 보면 "의인은 그의 죽음에도 소망이 있느니라"라고 하였으니 내세의 소망이 분명하다.

15:24에도 "지혜로운 자는 위로 향한 생명 길로 말미암음으로 그 아래에 있는 스올을 떠나게 되느니라"라고 하였다. 실로 인생의 화와 복이 여호와께 달려 있음을 지적했다. 본서는 크게 인륜과 천륜 둘로 나눌 수 있다.

● **내용 분해**

① 인륜에 대하여는 주로

부모, 성, 근면, 겸손, 말, 음주, 사회, 정의, 사랑과 화목이요.

② 천륜에 대하여는

모든 지혜의 근본이 여호와께 있으니 여호와를 경외하고 여호와를 의뢰하는 신앙 곧 구약에서는 경외, 신약에서는 계시에 대한 인간의 호응(곧 신앙)의 형태로 표현되었다.

27. 욥기

● **저자** : 욥(19:23~24). 욥은 역사적 인물이다(겔 14:14, 20; 약 5:11). 욥은 자신에게 일어난 사건들이 어떻게 될 것인가를 이미 알고 있다. 그는 이 모든 사건이 지난 후 140년간 그곳에서 살았다.

● **내용** : 욥기의 내용은 3분할 수 있다.

서문(1~2장). 의인 욥이 사단의 시험을 받았으나 잘 견디어낸 사실, 유대인의 사상은 항상 의인은 하나님의 상급으로 번영하는 것이니 욥은 10명의 자녀와 많은 재산을 소유하였다. 그래서 사단은 하나님께 나아가 욥의 신앙은 이기적이니 욥도 불행해지면 하나님을 저주할 것이라 하며 치게 해 달라고 하여 승낙을 받았다. 사단은 욥의 가축, 노예, 자녀들을 몰살시켰다. 그러나 욥은 하나님의 주권을 인정하고 오히려 여호와의 이름이 찬송을 받으시라고 하였다(1:20).

욥기 2:7에 보면 사단은 다시 하나님의 허락을 받아 욥의 전신에 종기가 나게 하였다. 욥은 다시 괴로움을 낭했다(기와 조각으로 몸을 긁고 재 가운데 앉아). 욥의 아내는 "하나님을 욕하고 죽으라"고 하였다. 그러나 욥은 "그대의 말이 어리석은 여자의 말 같도다 우리가 하나님께 복을 받았은즉 화도 받지 아니하겠느냐"(2:10)라고 말하므로 여호와께 범죄하지 않았다.

욥기 2:11~13은 욥의 불행당한 소식을 듣고 달려온 세 친구 엘리바스, 빌닷, 소발이 욥의 처참한 모습을 보고 7일 7야 묵묵히 앉아 있었다. 저들은 수난의 이유가 율법을 어긴 죄의 대가라는 사실을 강조했다. 그러나 욥은 율법적 죄를 범치 않았음을 주장했다(6~7장, 9~10장, 12~14장, 16~17장, 19장, 21장, 23~24장, 26~33장). 오히려 고통 속에서 그리스도의 부활을 예언했다 그 후 엘리후라는 친구가 와서 욥의 완고를 꾸짖으며 고통에는 하나님의 교육적 의의가 숨어 있다고 말하면서 설득했지만 실패했다(32~37장).

38장 이하에 하나님은 천지간의 존재하는 불가사의한 여러 현상을 끌어내어 욥에게 그 해답을 물으셨다. 욥은 궁지에 빠져 침묵했다. 욥은 직접 하나님의 말씀에 의해 굴복당하고 해결책은 하나님뿐이었다. 그래서 "내가 주께 대하여 귀로 듣기만 하였사오나 이제는 눈으로 주를 뵈옵나이다 그러므로 내가 스스로 거두어들이고 티끌과 재 가운데에서 회개하나이다"(42:5~6)라고 고백했다. 욥은 하나님을 직접 체험하고 그의 측량 못할 지혜를 보고 그의 한량없는 하나님의 능력을 알게 되므로 하나님께 묵묵히 복종했다. 그는 고난의 문제 해답을 받았다. 이는 논리적이나 이성적이 아닌 신앙적 해결이다. 욥기는 사람이 하나님의 능력을 알고 그의 놀라운 지혜의 계획에 복종함으로써 모든 해결을 볼 수 있다는 진리를 증거한 책이다.

● **내용 분해**

① 서론 : 욥이 당한 고난(1~3장)

② 세 친구와의 변론(4~31장)

- 제1 윤회 변론(4~14장)
- 제2 윤회 변론(5~21장)
- 제3 윤회 변론(22~31장)

③ 청년 엘리후의 의론(32~37장)

④ 하나님의 계시와 질문(38~42:6)

⑤ 결론(42:7 이하)

다섯 권의 두루마리 책

28. 아가

● **저자** : 솔로몬(1:1)

● **내용** : 아가서의 해석은 모형적 원리를 추종해야 한다. 그 이유는 솔로몬과 술람미 여인의 연연(戀戀)이 세속적인 것이 아니라 그리스도와 교회의 영적 연합의 모형이기 때문이다(구약에는 신약에의 많은 모형들을 보게 된다). 그리스도의 교훈에서 증명되고 있으니 그리스도는 교회의 신랑임을 친히 말씀하셨다(마 9:15, 25:1). 성경은 그리스도와 교회를 영적 부부의 비유로 설명하고 있다.

사도 바울도 "내가 너희를 정결한 처녀로 한 남편인 그리스도께 드리려고 중매함이로다"(고후 11:2)라고 하였다. 또한 에베소서

5:31~32에 "그러므로 사람이 부모를 떠나 그의 아내와 합하여 그 둘이 한 육체가 될지니 이 비밀이 크도다 나는 그리스도와 교회에 대하여 말하노라"라고 하였다.

29. 룻기

● **저자** : 사무엘

● **명칭** : 룻이란 사람 이름에서 따옴. 탈무드경(Talmud)에는 사무엘서, 사사기, 룻기를 사무엘이 기록하였다고 한다. 시기는 사사들이 치리하던 때이다(1:1).

● **목적** : 본서는 모압 여인 룻에 대한 이야기로, 이스라엘의 선택이 하나님을 섬기도록 선택하심과 축복됨을 가르친다. 더욱 히브리인이 아니며 친히 여기는 이방 여자가 예수님의 족보에 들어간 것이 특징이다.

● **내용** : 이방 땅 모압에서 살던 나오미가 남편과 두 아들이 죽으니 모압에서 얻은 두 며느리만 남았다. 그래서 나오미는 고향으로 돌아가기에 앞서 며느리들에게 재가를 권하니 큰 며느니는 그 권고를 따랐으나 룻은 끝까지 나오미를 따라갔다. 룻이 따라간 것은 위대했다. 시모가 섬기는 하나님을 자기의 하나님으로 섬기겠다는 것이다. 그는 유대에 와서 보아스의 도움을 받고 마침내는 다윗 왕의 조상이 되었다. 이는 실로 하나님을 섬기는 사람은 누구에게나 주어지는 하나님의 축복이요 사랑이다. 우리는 이 성경에서 인간의 높은 윤리와 도덕을 배워야 한다.

● **내용 분해**

① 베들레헴에 온 룻(1:1~22)

② 보아스를 만난 룻(2:1~23)

③ 보아스에게 호소한 룻(3:1~18)

④ 보아스와 결혼한 룻(4:1~22)

30. 애가

● **명칭** : 히브리어는 '에카'(Ekah) (어찌하여) 곧 감탄, 놀람이다. 70인역에는 '트레노이'(예레미야의 눈물들)다.

● **저자** : 예레미야. 이스라엘이 포로로 잡혀가고 예루살렘이 황폐하여진 후 예레미야 선지자는 그 자리에 앉아서 눈물을 흘리며 예루살렘을 향하여 눈물의 애가로써 백성들에게 호소하였다. 예레미야서와 애가서는 흡사한 점이 많다.

● **내용**

유다의 멸망과 예루살렘의 황폐와 구원의 호소이다.

① 예루살렘의 고통과 그 참상(1장)

② 하나님의 심판을 받은 시온(유대인) (2장)

③ 예레미야가 예루살렘을 보고 욺(예수 그리스도의 모형 3장)

④ 시온의 과거와 비참한 현재(4장)

⑤ 하나님의 긍휼을 기도함(5장)

31. 전도서

●**명칭** : 전도서는 히브리어로 '코헬레드'(Coheleth), 모인 무리들에게 말하는 사람, 곧 전도자, 설교자라 할 수 있다.

●**저자** : 탈무드경에는 히스기야나 그의 동료들이 기록하였다고 하나 솔로몬의 저작임이 더 정확하다(1:1). 초대 교회와 유대의 전통은 솔로몬의 저작임을 말한다.

●**내용** : 초두에서부터 헛되고 헛되다는 허무주의 같은 인상을 주는 듯하다. 그 이유는 성경은 전체적으로 사람들에게 소망과 활기를 주는 것이기 때문이다. 그러나 본서는 삶의 전체를 구석구석까지 살펴 인생으로 지혜를 갖게 하여 참되고 영구적인 복된 생활을 찾게 하는 데 큰 의의가 있다. 사람의 삶에는 어려운 일이 많다. 본서는 이러한 삶에서 올바로 배우고 훈련받아 하나님의 사람이 될 것을 가르친다. 또한 인생의 참 행복은 세상 것에서 찾을 수 없다는 것을 역설하여 인간으로 하여금 내세 곧 하나님을 찾게 하는 지혜의 말씀이다(1:13).

3:11에는 "하나님이 모든 것을 지으시되 …… 사람들에게는 영원을 사모하는 마음을 주셨느니라"라고 하였으니, 전도자는 헛되고 헛되다는 말의 동기와 그것을 강력히 부인하고 무한하신 하나님을 간절히 사모할 것을 강조한다. 그러면 전도자가 말하는 영원을 사모하는 길은 무엇인가?

① 하나님을 경외할 것.

② 여호와가 하시는 일에 관심을 가질 것.

③ 창조주 하나님을 기억할 것.

세상 모든 것이 헛되지만 하나님을 경외하는 것은 헛되지 않다고 말하며 인생의 본분이 하나님을 경외하는 것이라고 한다(12:13).

●**내용 분해**

① 서론(1:1~11)

② 세상 모든 것이 다 헛되다(1:12~6:12)

③ 지혜의 말씀들(7:1~12:7)

④ 부록(12:8~14)

32. 에스더

●**명칭** : 본서의 주인공 에스더에서 취함. 그 뜻은 별을 의미하며 히브리 이름은 '하닷사'이다(2:7).

●**저자** : 불분명함. 바바 바트라(Baba Bathra) 15에 따르면 큰 회당의 사람들이 에스더의 두루마리를 기록했다고 한다. 사가 요세푸스는 이상을 근거하여 모르드개라고 하였으나 10:2에 보면 모르드개가 본서 저자가 아님이 증명된다(9:20만으로는 입증할 수 없다).

●**목적** : 에스더는 유대의 명절 중 하나인 부림(Purim)절의 기원과 그의 내용, 그 절기를 잘 지켜야 할 이유를 설명해 주기 위하여 기록되었고 이로 인하여 애국심을 일으켜 주려는 목적도 있다.

●**내용** : 본서 중에 나오는 바사(페르시아)의 아하수에로 왕이 주연을 베풀고 공중 앞에서 왕후 와스디에게 실행하기 어려운 요구를 함으로 이를 거부하자 왕은 크게 노하여 왕후 와스디를 폐위케 하였다(1장). 이후 국내의 미녀 중에서 새 왕후를 선발하게 되었는데 유다의

소녀 에스더가 뽑혔다(2장). 에스더의 부모는 죽었고 사촌 오빠 모르드개는 유일신 신앙의 사람이었다. 왕의 충신인 하만의 시기와 질투로 하만은 그와 유대 민족을 몰살시킬 간계를 썼다. 모르드개는 이를 알고 슬퍼하다가 에스더에게 고하고 에스더는 생명을 내걸고 왕에게 나아가 애원을 하여 위기일발에 처했던 유다 민족을 구했다. 하만은 모르드개를 50규빗 되는 나무에 달아 죽이려 했으나 결국 자기가 달려 죽었다. 또한 그의 자식들과 전국의 7만 5천의 원수들이 유대인에 의해 살해되었다. 그리고 모르드개는 총리로 영전되었다. 그 후 이 구원을 기념하기 위하여 부림절(Purim)을 재정하고 회당에서 본서를 낭독하게 하였다.

● **내용 분해**

① 왕후 와스디의 폐위(1장)

② 유대인 처녀 에스더가 새 왕후로 뽑힘(2장)

③ 간신 하만의 최후(3~7장)

④ 모르드개의 영전(8~10장)

역사서

33. 다니엘

● **뜻** : 하나님은 나의 심판자

● **저자** : 다니엘. 탈무드경(Talmud)의 바바 바트라(Baba Bathra) 15a

에서는 대회당(Great Synagogue) 사람들이 기록했다고 하나 그들은 다니엘서를 편집한 것뿐이다. 예수님께서도 인용하셨다(마 24:15; 단 9:27, 12:11, 7:2, 4, 6, 8:, 9:2, 10:2, 12:5~8, 15장).

히브리 성경 원전에는 구약성경 맨 끝에 붙어 있으나(구약서 중 최후기의 기록이라고 함) 70인역(LXX)에는 내용이 예언서이기 때문에 에스겔 다음에 순서 배열했다.

● 내용 분해

본서는 크게 둘로 나눈다.

① 다니엘에 대한 이야기(1~6장)

그는 느부갓네살 왕에게 끌려 바벨론으로 간 유대 청년 세 친구와 같이 있으면서 이방의 신을 섬기지 않고 여호와를 섬기며 그 하나님의 보호를 받아 승리하는 일을 말했다. 다니엘은 하나님의 능력을 받아 왕의 어려운 꿈을 해석함으로 왕의 신임을 받았다(2장). 세 친구는 느부갓네살이 세운 금 우상에게 절하지 않은 죄로 불속에 던짐 받았으나 아무 해도 받지 않았다(3장).

다니엘은 다시 꿈을 해석했다(4장). 벨사살 왕은 주연석 벽에 나타난 이상한 글을 해석했다(5장). 또한 사자굴 속에 던져졌지만 하나님의 보호로 살아 나왔다(6장).

② 다니엘이 본 환상(7~12장)

네 괴물의 환상으로, 이 괴물이 마침내 죽고 불에 던져질 때 '인자와 같은 자가 하늘에서 내려와 영원한 지배권을 차지한다'는 것이다. 이 환상의 해석도 다니엘에게 주어셨다(7~8장).

즉 네 짐승으로 상징되는 넷째 나라의 왕 안디오코스의 지배가 끝나고 하나님의 지배가 오리라는 것이다.

이 전체의 내용은 신자의 승리를 주신다는 뜻이다.

34. 에스라, 느헤미야

● **에스라의 저자** : 에스라(7:1, 11, 25, 28, 8:15~17, 21), 바바 바트라(Baba Bathra) 15.

● **에스라의 뜻** : 하나님이 도우신다.

● **느헤미야의 저자** : 하가랴의 아들 느헤미야

● **느헤미야의 뜻** : 여호와는 위로자. 바바 바트라(Baba Bathra) 15는 에스라가 그의 책을 기록했다고 보며 한 책으로 본다.

그러나 에스라가 느헤미야의 저자라는 말은 아니다. 그 이유는 "그리고 누가 그것을 완성했는가"라는 구절이 있기 때문이다. 이에 대한 해답으로 '하가랴의 아들 느헤미야'라고 하였다. 이 말은 예레미야가 자기의 것을 첨가하여 두 작품을 완성시켰음을 이해시키려 한다. 많은 유명한 사자들도 이를 인정했다.

● **내용 개요** : 에스라, 느헤미야서는 바사 왕 고레스가 유대인들을 고국으로 돌아가도록 하던 때를 중심하여 그 역사적 사건을 설명하였다. 에스라와 느헤미야는 나라가 멸망되고 수치를 당한 원인이 모세의 율법을 지키지 않은 것임을 지적하고, 이제 귀환 백성으로서 새로운 생활 곧 모세의 율법관에서 살아야 할 것을 역설하였다. 실로 저들은 포로 생활로 인하여 헝클어진 율법의 규례와 전통을 되찾고 예루살렘 성전을 재건할 것이었다. 본서들은 유대인의 생활이 새로워지고 재정비된 광경을 설명했다. 바사 왕 고레스에 의해 바벨론에 포로

되었던 사람들 중 일부는 남고 일부는 팔레스틴으로 돌아갔다. 귀환 백성들은 제단을 쌓고, 성전 건축을 시작하고, 레위인들의 예배 의식을 조직화하고 예루살렘 성벽을 수축하였다. 또한 율법을 준수할 것을 역설하였다. 저들은 많은 어려움 속에서도 이상의 일들을 20년 만에 성공하였다. 이것은 하나님의 축복이라는 점을 역설하였다. 실로 저들의 노고는 위대하였다.

첫째로, 바사 왕 아닥사스다 때 서기관 에스라가 바벨론에서 자기 동포 1천 명을 거느리고 예루살렘에 가 처음으로 이방인과의 결혼을 이혼케 하는 일이었다(스 9~10장).

둘째로, 전 국민이 성전 예배를 뒷받침해 주겠다는 서약을 하게 하고(느 10:28~39), 셋째로, 조직적인 종교 훈련을 받게 하는 제도를 마련하였다. 이 목적 달성을 위하여 많은 조수들로 전 국민에게 율법을 해석해주었다. 느 1장~6장까지를 보면 수산궁에서 바사 왕의 관리로 있던 느헤미야가 예루살렘에 돌아와 무너진 성벽을 수축하려 할 때 많은 반대를 받았으나 예루살렘을 안전한 도시로 만들었다. 8장과 10장에는 예배에 관한 새 규정과 새 법의 공포가 기록되었다. 에스라와 느헤미야는 하나님의 율법에 충성하는 국가를 이룩하였다.

● 내용 분해

① 제1차 귀환과 성전 건축(스 1~6장)

② 제2차 귀환과 율법의 강행(스 7~10장)

③ 예루살렘성의 수리(느 1~10장)

④ 율법의 공포(느 8~10장)

⑤ 율법의 시행(느 11~13장)

35. 역대기서(상, 하)

●**저자** : 에스라. 탈무드경(Talmud)에 의함. 본서는 본래 한 권이었다.

●**내용** : 본서의 중심 내용은 성전예배와 제사장과 레위 족속에 관한 것으로 주로 남왕국의 역사를 말하고 북왕국은 거의 제외되고 있다. 그 이유는 북왕국은 잘못된 성전과 예배를 가진 이단으로 하나님께 벌을 받은 괴뢰왕국으로 보았고 남왕국 유다는 선민으로 보았기 때문이다. 역대서는 다윗의 죽음과 함께 시작하여 바벨론 포로 시대를 지난다. 본서는 항상 제사장으로서 역대기를 기록하였다. 그러나 1장에서 10장까지의 내용을 보면 아담으로부터의 계보를 취급하였는데 매우 광범위한 면을 볼 수 있다. 그 후에는 다윗의 성전 건축 준비(11~29장)를 취급하였다.

솔로몬의 성전 건축 이야기를 상세하게 기록하였다(대상 1~9장). 본서의 기자 에스라는 예루살렘 성전은 주님의 영광이 가득찬 곳이며 그곳에서 의식 곧 제사 제도의 존중과 종교 의식을 엄숙하게 거행하는 것이 저들에게 주어진 사명으로 믿었던 것이다.

솔로몬 이후 아들 르호보암과 20여 명의 남왕국 왕들의 공적(곧 13대 왕 히스기야, 16대 왕 요시아의 선정)과 그 외 왕들의 실정을 기록하고 결국 바벨론 왕 느부갓네살에게 멸망당한 사실을 기록했다. 그러나 희망적 사건을 내포한 것은 포로시대가 지한 후 바사 왕 고레스에 의하여 유대인이 해방되고 귀국할 것을 언급했다.

●**내용 분해**

① 아담으로부터 사울 왕의 계보(1~10장)

② 다윗 왕의 성전 건축 준비(11~29장)

③ 솔로몬의 성전 건축(대하 1~9장)

④ 솔로몬 이후 솔로몬의 아들 르호보암으로부터 유다 왕국의 멸망 기사(대하 10~36장)

| 제2부 |

신약 성경

신약성경의 서론

신약의 명칭

신약은 헬라어로 '디아테케 코미네'(kjoine diatheke) 곧 새 계약이란 뜻이다. 옛 계약은 하나님과 이스라엘 백성 사이에 모세를 중심으로 성립한 계약이고, 새 계약은 예수 그리스도를 중심으로 성립한 계약이다(참조 렘 31:31~33; 눅 22:20).

신약의 권위

27권을 하나님 자신의 계시에 무오한 말씀으로 믿는 것과 하나님 계시의 완성으로 보는 데 있다.

하나님의 말씀 되는 증거

① 신약은 구약의 성취로 봄

② 신약 자체가 증거함

- 신약은 예수님을 하나님이라고 한다. 그러므로 예수님의 말씀과 행위는 하나님의 말씀이다.
- 사도들은 하나님의 말씀을 전하는 특수한 사신이라고 신약은 말한다.

③ 교회가 증거함

- 로마의 클레멘트(Clement)가 고린도 교회에 보내는 편지(A.D.

95년경)에 신약을 100여 번이나 인용하면서 구원과 같은 권위로 인정함.

- 20년 후 안디옥 감독 이그나티우스(Ignatius)가 기록한 7서신 중 하나님의 말씀으로 인정함.
- 파피아스(Papias)는 복음서를 주님이 주신 하나님 말씀이라고 함.
- 유스티노는 주후 160년경에 그의 책 중에 '새 율법과 새 언약'이라고 하였다.

성경(신약)이 기록된 이유

① 구약 성경의 불충분한 계시의 완성을 위하여(히 1:12, 렘 31:31~34, 말 3:1)
② 예언의 성취를 위하여(눅 4:21, 요 13:18, 17:12; 행 1:16)
③ 예수를 믿고 구원을 얻게 하기 위하여(요 20:31)
④ 하나님의 자녀에게 은혜의 계시로

신약의 전승사

① 사본

신약 사본의 수효는 많이 있는데 그것은 원본에 가장 가까운 시대에 베낀 것이다.

② 헬라어 성경의 출판

많은 사람들의 정확한 증거에 의하여 헬라어 성경을 출판하게 되었다. 이 출판에 대한 3시대는 다음과 같다.

- 공인 성경시대 : 1550년 스테파너스(Stephanus)가 출판한 것이다. 이것은 후에 영국왕역(King James Version)의 기본이 되었다(A.D. 1611년 완성).
- 사본 비평 시작 시대
- 사본 비평이 발달되는 시대

이 시대에 많은 사본들이 발견되었다. 유명한 사본학자 웨스트코트(Westcott)와 홀트(Hort)는 우리의 한역 성경을 헬라 원문을 기초로 하고 영국 고정역을 참고하였다. 한역 성경은 1887년 선교사들이 초역을 하였다.

신약은 1900년 초판, 1904년에 재판, 1906년 3판, 1920년 구약까지 완성하였다. 개역은 1937년 5월에 구약이 개역되었고 1937년 6월 신약이 개역되었다.

제1장

공관 복음

복음서에 대하여

예수님의 생애와 교훈을 말한다. '복음'은 헬라어로 '유앙겔리온'(εὐαγγέλιον), 본래는 '좋은 소식에 대한 상'(a reward for good news)으로부터 좋은 소식(Good news) 즉 복음(Gospel)이 인류의 가장 기쁜 소식인 것이다. 이것은 예수 그리스도의 구원의 소식이다.

공관복음(Sjnoptic Gospel)은 마태복음, 마가복음, 누가복음을 '같이 본다'는 뜻이다.

공관 복음의 유래

마태, 마가, 누가 세 복음은 거의 비슷하나 차이점이 있음은 무슨 이유인가? 이에 대하여 구전설, 전서후용설과 단편문서 존재설 등의 설이 있다.

① 구전설(The Oral Tradition Theory)

세 사람이 각기 복음서를 기록할 때 문서에 의하지 않고 사람들에게서 들은 것을 기록한 까닭을 말함으로 공통점과 차이점이 생겼다는 것이다.

② 상호 의거설(전서 후용설) (The Interdependence Theory)

복음서 중 먼저 기록한 것을 기초로 하여 자기가 아는 것을 보충했다는 것이다.

③ 단편문서 존재설(The Documentary)

당시 단편적 문서들이 많이 있었는데 그것을 참고하였다는 설이다. 각기 의미가 있으니 우리는 첫째 설을 취함이 좋은 것이다.

우리가 확증할 만한 것은 마태가 예수님을 친히 문견(聞見)한 사도였으니 그가 직접 문견한 것과 그가 기억한 사실을 기록한 것이다.

마가는 베드로의 조사였다(벧전 5:13). 베드로에게 받은 교훈과 초대 교회로부터 전한 말들을 기록한 것이다.

누가복음은 바울의 조사이며 의사였던 누가가 대사도 바울의 전달을 정확히 권위 있게 기록하였을 것이다.

1. 마태복음

●**명칭** : 저자의 이름에 의함

●**뜻** : 하나님의 선물

●**저자** : 사도 마태. 마태는 알패오의 아들이요, 별명은 레위로서 헤롯 안디바 영토 내의 가버나움 부근의 세리(tax collection)로 있을 때 예수님의 부르심을 받았다(마 9:9). 그는 12사도의 반열에서 일했다.

〈저작권에 대한 외증과 내증〉

• 외증 : 파피아스(papias) 사도 요한의 제자 폴리갑(polycarp, A.D. 69~155, 서머나의 감독, 사도적 교본의 한 사람)의 친구는 마태가 처음 히브리어로 기록한 것을 후에 헬라말로 정서했다고 한다.

• 내증 : 첫 머리에 '마태복음'이라 하였는데, 2세기 말부터 오늘날까지 전래되는 역사적 가치가 있다.

●**연대** : A.D. 70년 훨씬 전(예루살렘이 주후 70년에 함락되었기 때문)

●**장소** : 예루살렘

●**위치** : 첫 머리에 마태복음이 위치한 것은 그리스도의 생애와 직접적 교훈이 많은 양을 내용으로 한 점일 것이다.

●**목적** : 마태복음이 처음에 족보로 시작한 이유는 예수님께 대한 예언이 구약에서 되었고 유대인들이 대망하던 메시아(Messiah : 기름부음을 받은 자)를 왕으로 나타내시기 위함에 있다. 예수님께서는 먼저 저들이 숭상하는 족보 이야기에서 시작하여 예수님께서 다윗의 자손으로 약속된 메시아이심을 입증하였다. 유대인들은 그룻된 메시아관

을 가지고 있었으므로 편협적이며 형식적인 유대주의를 시정시키고 복음의 세계주의를 실현시킴에 있다.

● 내용 개요

① 예수님의 탄생과 유년기

이는 메시아의 준비 기간이다.

1~3장에서는 메시아로서 세상에 오신 사정을 기록하기 위하여 족보가 나옴으로 메시아의 혈통이 설명되었다.

예수님께서는 나면서부터 성장과정에서 많은 시련을 겪으셨다.

② 갈릴리 전도(4~18장)

예수님은 공생애를 거의 갈릴리에서 역사하셨다. 이를 둘로 나누면 전반기는 초기 전도에서부터 반대가 일어나기까지이고(4:12~14장), 후반기는 배척과 수난의 예고와 교훈이다. 이 기간 동안에 선구자 세례 요한(John, the Baptist)의 활동이 시작되고 또 끝나는 것이 특기할 만하다. 요한의 사역이 끝남과 함께 예수님의 메시아 활동이 크게 전개되었다. 예수님은 갈릴리 전도 사역을 끝내고 예루살렘으로 입성하셨다(19~20장).

③ 베뢰아 전도

갈릴리를 떠나 예루살렘까지의 전도 과정을 보통 베뢰아 전도라 부른다.

④ 예루살렘 입성과 전도(21~25장)

예루살렘 입성으로 시작되는 전도 사역에는 많은 수난이 있었다. 이러한 박해는 예수님께서 메시아 되심을 공언함에서 일어나는 유대 교권주의자들의 박해였으며, 그들은 마침내 예수님을 잡아 십자가에 못 박아 죽였다. 예수님의 생애는 거의 전부가 수난의 역사였다. 이는 특히 선지 이사야의 예언과 같이(사 53장) '우리의 허물과 죄를 인함'이라는 말씀을 이루신 것이었다.

⑤ 예수님의 수난과 부활(26~28장)

예수님 생애의 말년은 진실로 구속사업의 승리와 영광의 역사임을 입증한다. 예수님의 최후의 수난과 십자가의 죽음은 하나님의 사랑과 공의의 실현으로 구속사업의 대승리와 영광의 역사였으니 3일 만에 사망의 권세를 파하고 영원한 영광으로 부활하심을 확증시켰다.

● **내용 분해**

① 메시아의 탄생과 유년시대(1~2장)

② 성역의 준비(3장~4:11)

③ 갈릴리 전도 전반기(4:12~13장)

④ 갈릴리 전도 후반기(14~18장)

⑤ 베뢰아 전도(19~20장)

⑥ 예루살렘 입성과 전도(21~25장)

⑦ 예수님의 수난과 부활(26~28장)

2. 마가복음

● **명칭** : 저자의 이름에서 시작됨.

● **뜻** : 의젓하다(라틴어 : 마커스, 히브리어 : 요한 마가)

● **저자** : 마가. 마가는 사도 베드로를 따르는 사람이었고, 파피아스

(papias, 히에라플리스의 감독)는 말하기를 마가는 베드로의 동역자였는데 "그리스도의 말씀을 기록하였다"고 말하였다(행 12:12~25, 15:37). 별명은 요한 마가라고(행 12:12) 불렀다. 또한 초대 교회 지도자 바나바와 친족 간이었다(골 4:10). 마가는 바울의 제1차 전도여행 때(행 13:5) 바나바와 같이 협력했으나(행 13:13) 제2차 전도여행 때에는 과거의 실수로 바울과 바나바의 논쟁의 대상도 되었다(행 15:36~39). 그러나 후에 바울도 마가에 대한 좋은 인식을 가졌다(딤후 4:11, 몬 24). 바울이 출옥된 후에도 마가의 어머니 마리아의 집에 갔다(행 12:12).

●**장소** : 로마

●**연대** : A.D. 65~70년경

●**목적**

① 예수 그리스도의 생애를 '복음서'로 전파하고자 함에 있다.

② 예수 그리스도를 여호와의 신실한 '종'으로서 소개하려고 할 때 그의 말씀보다 행적과 사실을 소개함에 있다.

③ 당시 네로 황제의 박해를 받고 있는 이방의 로마 교회를 위로하며 격려함에 예수는 성실하신 하나님의 '종'으로 소개하여 힘을 얻게 함에 있다.

●**내용 개요** : 마가는 예수 그리스도를 절대적인 여호와 하나님의 신실하신 '종'으로 강조하고자 하였으므로 그가 행하신 행적과 사실들에 치중되었다.

본서는 16장으로 되어 있으나 간단하고 명료하다. 그러나 보다 많은 사건들을 취급한 것이 특징이다. 그 내용의 중심은 선구자 요한의 활동에서 시작하여 그리스도의 공생애 사건까지 취급하였다.

복음서 중에서 가장 짧게 16장으로 되어 있고, 1/3을 예수님의 고난에 대해 기록했다. 또한 마가복음은 예수님의 인성을 솔직하게 묘사한 점을 볼 수 있다(4:38, 13:32). 그러나 본서에서는 예수님을 하나님의 거룩하신 아들인 것을 풍요하게 증거하고 있다. 본서의 서두에 '하나님의 아들 예수 그리스도의 복음의 시작'이라고 했다(3:11, 5:7, 14:61, 15:39). 보다 더욱 중요한 말씀은 "너는 내 사랑하는 아들이다(1:11, 9:7)"라고 한 것이다. 그뿐만 아니라 예수님께서 모든 것을 초월하신 분으로서 이적을 통하여 증명하였고, 전지 전능하신 존재임을 나타내보이셨다(2:5, 8, 8:17, 9:33~35, 10:32~33, 10:39, 12:15, 14, 13:1, 14:27).

● **내용 분해**

① 전도의 준비 시대(1~13장)

② 갈릴리 전도 전반기(1:14~7:23)

③ 갈릴리 전도 후반기(7:24~9:50)

④ 베뢰아 전도(예루살렘 입성 도중) (10장)

⑤ 예루살렘 전도(11~13장)

⑥ 예수님의 최후 수난(14~15장)

⑦ 예수님의 부활(16장)

3. 누가복음

●**명칭** : 누가에 의한 복음

●**저자** : 누가(눅 1:3, 골 4:14). 바울의 동역자 곧 전도 여행자요 의사였다(행 16:9~20: 5, 28:16). 이레니우스(Irenaus, 130~202, 리욘의 감독)도 "바울을 따르던 누가는 바울에 의하여 전파된 복음을 기록하였다"라고 하였다. 또한 누가는 사도행전도 기록하였다.

본서 첫머리에 데오빌로 각하에게 보낸다고 했고, 사도행전에는 데오빌로에게 예수의 탄생부터 승천까지의 모든 일을 써서 보낸다고 기록하였다. 특히 그는 로마 옥중에 있을 때 같이 있었던 바울의 충성된 조사였다.

●**연대** : A.D. 70년 훨씬 전인 63년경

●**쓴 곳** : 로마(사도행전과 더불어)

●**내용** : 본서는 데오빌로와 같이 지성적 헬라인, 곧 이방인들에게 기독교를 소개하고 믿게 하려는 데 있다. 이는 사도행전에서 실현되어 이방인들이 예수를 믿게 되는 것을 보게 된다. 또한 예수님에 대하여 말씀할 때 민족과 계급을 초월한 넓은 마음의 소유자로 보이며 예수님의 사명에 대하여 세계적임을 말씀했다. 본서의 특징은 세상에서 소외된 자들에 대한 특별한 관심을 보이며 여성들의 위치를 높이고 있다는 점이다(7:36~50, 8:3, 10:38~42). 특히 많은 비유가 인용되고 훌륭한 주님의 교훈을 전해 주고 있다.

예를 들어 선한 사마리아 사람의 비유(10:30~37), 밤에 찾아온 친구 비유(11:5~8), 어리석은 부자의 비유(12:16~21). 열매 없는 무화과나무 비유(13:6~9), 탕자의 비유(15:11~32), 지혜 있는 청지기의 비유

(16:1~9), 부자와 거지 나사로의 비유(16:19~31), 무익한 종의 비유(17:7~10), 불의한 재판장의 비유(18:1~8), 므나의 비유(19:11~27) 등이다.

또한 예루살렘 입성과 성전 정화, 이로 인해 지도자들이 예수님을 죽이려는 일과 유월절 최후 만찬의 설립, 감람산의 피땀 흘리는 기도(22:43~44), 밤에 잡히시고 빌라도의 법정에 끌려가 두 강도와 함께 십자가에 못 박혀 죽으실 때 옆에 있던 강도를 구원하심과 예수님께서 부활의 실증을 여러 번 많은 사람에게 나타내신 것과 약속의 성취를 기다리라는 부탁을 하시고 승천하신 일까지 기록하였다(24장).

●내용 분해

① 예수님의 탄생과 유년기(1~2장)

② 전도의 준비(3:1~4:13)

③ 갈릴리 전도(4:14~9:50)

④ 베뢰아 전도(9:51~19:27)

⑤ 예루살렘 전도(19:28~21:38)

⑥ 수난과 부활의 승천(22~24장)

4. 요한복음

●저자 : 사도 요한

① 요한의 신분

아버지는 세베대요(부유층, 막 1:20), 거주지는 벳새다나 그 부근(요 1:44). 어머니는 살로메요, 그녀는 예수님의 모친 마리아의 자매였을 것이다. 그의 형은 야고보요 직업은 어부다. 처음에는 세례 요한의 제자로 있었다. 예수를 따른 두 사람 중 한 사람이다(요 1:35~40). 일단 어부 생활에 들어갔다가(눅 5:10) 주님의 부르심을 받았다(마 4:21~22, 막 1:19~20). 부르심을 받은 후 수제자 반열에서 일했다(마 10:2). 그의 형과 더불어 '우레의 아들'이란 별명을 받았으며(막 3:17), 예수님의 수난 중에 제일 가까이 따랐다. 십자가상에서 예수님의 모친 마리아를 위탁받았다(요 19:26~27). 예수님의 부활 시에 베드로와 더불어 초대 교회 설립의 중심인물이 되었다. 그는 도미티안(Domitian) 황제 때 밧모섬에 정배되었으나(계 1:9) 네르바 황제 때(Nerva A.D. 96) 돌아왔다. 그의 최후에 대하여는 이레니우스(Ireneus)에 전하는 바처럼 에베소에서 천수를 누리다 트라얀 황제 때(A.D. 98~117) 죽었다고 전해진다.

② 요한복음 저작에 대하여

성경에는 많은 요한이 등장하나 사도 요한임을 입증한다.

- 내증 : 팔레스틴에서 생활을 한 유대인인 그는 유대의 제사, 지리, 풍습을 잘 표현한 것으로 입증하고 또한 목격자였을 것이다.
- 외증 : 사도 요한의 저작을 인증하는 전통적 학설은 체계가 있다. 이는 사도시대의 전설에서 시작하여 현대에 이르기까지 고명한 신학자들로부터 절대적인 지지를 받는다.

● **연대** : A.D. 80~90년(C. Bouma)

● **장소** : 에베소

● **특징** : 신령한 복음이라고도 불린다. 이 말은 공관복음과 비교하여 한 말이다.

본서는 그리스도의 생애의 외곽적인 것보다 그 사역의 중점을 다

룬다. 공관복음은 그리스도의 탄생과 생애의 기록을 분명히 했으나 요한복음은 영원전부터 계시는 사실을 말씀하면서 도성인신하신 사실과 영적 활동에 중점을 두고 있다.

1:14에 보면 "말씀이 육신이 되셨다." 이는 완전하신 신성과 인성을 표하신 말씀인 동시에 모든 것을 초월하신 영원한 하나님의 아들 되심을 증거하는 말씀이다. 또한 예수님이 죽으신다는 요한의 증언은 '들이 운다.' '영광을 받는다'라고 표현하였다. 이는 영적인 의미를 말하는 것이다.

실로 본서는 역사적인 사건을 알려줌과 동시에 영적 생명운동과 구원운동을 나타내 보인다. 그 예로는 38년 된 병자를 고치신 일 또 5,000명을 먹이신 일 등은 역사적인 동시에 영적인 의미를 강조한 것들이다. 특히 예수님께서 자신이 바로 하나님이시고, 또한 하나님의 말씀 자체임을 강조한 점(요 1장, 3장, 8:28)을 볼 때 더욱 은혜를 일으키게 하였다.

●내용 분해

① 서언(1:1~18)

② 예수님이 하나님의 아들 되심을 증거(1:19~12:50)

③ 예수님이 받으실 고난과 부활과 관련된 증거(13:1~21:25)

5. 사도행전

●저자 : 누가(의사). 누가복음과 사도행전은 누가가 기록하였다. 저자의 이름이 본서에 기록되지 않았으나 누가복음 1:1~4과 사도행전

1:1~2을 비교하면 같은 저자이다. 특히 의학적 용어가 많이 쓰였다 (3:7, 9:18, 12:23, 13:11, 28:8).

누가는 바울과 함께 전도 여행을 한 일이 있다(딤후 4:11). 또한 수신자가 양서 모두 데오빌로라고 되어 있다. 데오빌로는 이방의 고급관리요 기독교인이었다(누가복음과 대조). 누가복음을 먼저 쓰고 본서는 나중에 쓴 것이다(눅 1:3, 행 1:1).

● **연대** : A.D. 62년경(Lenski)

● **장소** : 로마(2년 체류함). 본서는 예수 그리스도의 승천 때부터 바울이 로마 옥중에 2년 동안 갇혀 있을 때까지 약 33년간의 역사를 기록하였다.

● **내용 개요**

제목은(행 1:8) "오직 성령이 너희에게 임하시면 너희가 권능을 받고 예루살렘과 온 유대와 사마리아와 땅끝까지 이르러 내 증인이 되리라"

① 이스라엘과 전 인류를 위한 교회의 설립(1~2장).
 예수님께서 승천하시기 전 사도들에게 성령을 약속하셨다. 저들은 이 분부를 따라 예루살렘을 떠나지 않고 성령을 기다리던 중 오순절에 성령이 강림하심으로 권능을 받아 생명 있는 기독교회를 완성시키신 것이다. 누가는 그의 복음서에서 예수님의 행적을 세밀히 기록하고 그 후 성령강림으로 사도들의 활동을 통해 교회가 설립됨을 역설했다. 본서의 별명은 '성령의 행적'임에 틀림없다.

② 예루살렘 교회가 성령 안에서 생명 있는 놀라운 역사를 통하여 발전하는 한편, 이 일로 사도들에게 대하여 박해가 일어남(3~7장).

③ 교회가 유대와 사마리아와 이방 세계에까지 확장됨(8~12장).

박해로 인하여 스데반의 순교로 사도들은 예루살렘에서 유대와 사마리아와 각처로 전도를 시작하게 되었다. 그러므로 사울이 개종하여 대사도로 부르심을 받아 복음 선교의 큰 발전이 가해졌다. 특히 베드로와 같은 제자도 이방 전도에까지 나서게 되었다. 이방인 고넬료와 그 가족이 복음을 받게 되고 이로 인해 안디옥 교회가 설립되었다.

④ 바울의 3차 전도로 이방 세계에 복음이 전파되었다. 그는 매회 전도 여행을 마치고는 예루살렘에 돌아왔다(13:1~21:16).

제1차 전도(선교)에는 바나바를 동행하였고 구브로와 소아시아의 밤빌리아와 비시디아에서 전도하였다(행 13:4~14:27, 15:1~21).

제2차 전도는 소아시아 마게도냐, 헬라 등지에서 선교하고 예루살렘에 돌아왔다(15장~18:22).

제3차 전도는 소아시아의 내륙지방, 길리기아, 부르기아 지방을 지나 에베소에서 3년 선교 후 유럽으로 건너가 마게도냐, 고린도, 헬라 등지에서 선교하고 다시 예루살렘에 돌아왔다(18:22~21:16).

⑤ 바울의 말년은 예루살렘에서 하나님의 섭리에 의하여 로마 군대에 체포되어 유대인 대중에게 전도할 기회가 있었고 로마에까지 호송되어 그곳에서 복음의 대역사를 이루었다. 이는 실로 하나님께서 생명 있는 기독교 설립을 위한 성령의 역사가 사도들의 활동으로 성립됨을 분명히 말해주고 있다(21:17~27:31).

● 내용 분해

① 예루살렘에서 안디옥까지(1~12장)

- 예루살렘 모교회(1~7장)

• 유대, 사마리아, 안디옥 교회(8~12장)

② 안디옥에서 로마까지(13~28장)

• 바울의 첫 번째 전도 여행(13~14장)

• 예루살렘 회의(15장)

• 바울의 두 번째 전도여행(16~18장)

• 바울의 세 번째 전도여행(19~21장)

• 바울의 로마행(22~28장)

제2장

바울서신

신약 27권 중 바울서신은 13권(히브리서 포함)이나 된다. 바울은 전 이름이 사울이었고 고향은 길리기아의 다소였고 유대인으로 태어나 히브리인 중 히브리인으로 교육을 받았다. 주로 바리새인의 영향을 많이 받고 헬라 문화의 정통파요 로마 시민권을 소유하였고 기독교 박해의 선봉이었다. 그러나 그는 다메섹 도상에서 예수 그리스도를 대면하고 부르심을 받아 개종하였다. 그는 그리스도와 동행하였고 교회 설립에 일인자로 역사하였다. 이름이 없는 히브리서도 여러 면에서 바울의 서신임을 입증한다. 수신자 문제는 8권 각각 지방교회에 쓴 것이다. 두 권은 고린도 교회와 데살로니가 교회에, 한 권으로 보낸 서신은 에베소, 빌립보, 골로새 교회에 쓴 것이고 갈라디아서는 모든 교회에 쓴 글이다. 각 개인에게 보낸 서신은 디모데전 · 후서, 디도서, 빌레몬서이다. 히브리서는 지명되지 않은 유대 기독교인들에게 쓴 것이다.

6. 로마서

●**저자** : 사도 바울(1:1)

●**수신** : 로마 교회(1:6~7:15)

●**장소** : 아가야 지방 고린도(15:22~29, 16:23, 고전 1:14)

●**연대** : 주후 57년 3차 여행 시

●**로마에 있는 교회의 문제** : 로마 교회는 바울이 설립한 교회가 아니다. 설립자는 분명치 않으나 이미 세워져 있으므로 이는 오순절 성령 강림 때 참여하였던 어떤 사람에 의하여 설립된 것으로 추측된다(행 2:10). 그 교회의 구성원들은 유대인과 이방인들이 함께 있었던 증거가 많다(롬 2:17, 16:7, 11:13, 15:8~).

●**내용 개요** : 본서는 바울서신 중의 하나로 제일 길며 그리스도의 중심 사상과 교리를 가장 조직적으로 기록한 신학적 논문 형식과 같다, 또한 본서가 바울의 일대 신학논문과 같아 보이나 실상은 로마교회의 필요한 말씀이 아닐 수 없다.

바울은 소아시아 헬라 지방에서 큰 사역을 다 한 셈이므로 당시 세계의 대도시인 로마에 전도함이 그의 마지막이었다. 그래서 로마로 가기 전에 먼저 편지를 쓰게 된 것이다. 본서의 내용으로 보아 다른 서신들과 같이 급한 사건을 다루기 위한 것이 아니고 자기가 받은 복음의 진수들을 조직적으로 상세하게 설명하여 그리스도의 교회를 더욱 견고히 하고자 함에 있었다.

본서는 믿음으로 의롭다 하심과 하나님께서 값없이 주시는 하나님의 선물인 동시에 그리스도를 믿는 것만이 유일한 구원의 길임을 역설한다. 바울은 신앙과 모든 체험에서 이 복음만이 은혜의 복음인 동시에 만인과 로마인들에게 참 복음이 될 것을 소원한다.

● **내용 분해**

① 서론(1:1~17)

② 죄악론(1:18~3:20)

③ 하나님의 의(義) (3:21~5:21)

④ 칭의와 실제 생활(6:1~11:36)

⑤ 이스라엘 문제와 예정론(9:1~11:36)

⑥ 기독교인의 윤리(12:1~16:27)

7. 고린도전서

● **저자** : 사도 바울

● **수신** : 고린도 교회(1:2)

● **연대** : 주후 57년경(행 20:1~2, 3차 선교 여행 중)

● **장소** : 에베소(고전 16:8). 고린도는 헬라 반도 아랫부분에 위치한 아가야주 지역으로서, 항구도시로 무역이 성행하고 여러 민족이 혼합하여 살고 있으며 특히 유대인이 많이 살고 있었다. 항구 도시이므로 잡다한 것이 많이 수입되는 중 애굽, 알렉산드리아 항구를 통하여 유상이 많이 수입되었다. 무역 항구도시로 부유층과 가난한 사람과 노예도 많았다. 특히 음란과 사치가 성행하였다.

바울은 3차 여행 중 이곳에 와서 18개월간 머물며 성공적인 선교를 통해 교회를 설립하였다(행 18:1~11). 바울은 주후 53년경 고린도를 떠나 각처에서 복음을 전하다 에베소에 가서 머물며 57년 봄 본서를 기록하였다.

● **기록의 동기** : 바울이 에베소에 와 있는 동안 좋지 않은 소식이 들어왔다. 그는 교인들에게 음란한 사람들과 교제하지 말 것을 경고하였다. 그러나 그 편지는 효과를 발하지 못했다. 글로에라는 집안 식구들이 찾아와 그 교회 형편을 알려 주었고(고전 1:11), 그 교회의 세 지도자가 찾아와 걱정을 하였다(16:17). 게다가 그 교회로부터 여러 가지 문제를 해결해 달라는 편지가 왔으므로 바울은 그 해답을 위하여 붓을 들었다(7:1, 8:1, 12:1, 16:1). 그 문제란 교회의 파벌주의를 좋아하는 자들의 문제요, 계모와 같이 사는 부도덕한 사건이요, 신자들끼리 관청에 소송하는 문제 등이었다. 이 문제들을 해결하기 위한 말씀으로 1~6장까지 답하고 7~16장까지 고린도 교회가 물어온 것을 답한 후 결혼 문제를 답하였다.

① 결혼 문제(7:35~40)

② 우상의 제물을 먹는 문제(8:1~11:1)

③ 성령의 은사에 관한 문제(12:1~14:40)

④ 성도들을 위한 헌금 문제(16:1~12)

이는 우리 교회들이 많은 교훈을 받아야 하겠으며 특히 이 교회의 수습책은 고린도전서 13장에서 마무리 지었는데 모든 것은 사랑의 정신을 앞세우고 할 것을 말씀했다. 또한 신령과 은사 문제도 사랑으로 해야 할 것을 강조했고 마지막 부분에서는 죽은 자들의 부활 문제에 답한 것은 본서의 특징이다.

● **내용 분해**

① 머리말(1:1~9)

② 바울이 고린도 교회에 대하여 꾸짖는 일(1:10~6:20)

③ 고린도 교회에서 질문한 문제들에 답함(7:1~11:1)

④ 공예배 때 있었던 문란일에 대하여(11:2~14:40)

⑤ 죽은 자들의 부활에 대한 교리(15:1~58)

8. 고린도후서

●**저자** : 사도 바울

●**연대** : A.D. 57년경

●**장소** : 마게도냐 지방(혹 빌립보)

●**수신** : 고린도 교회(1:1~6:11)

●**목적** : 바울은 드로아에서 마게도냐로 갔고 그곳에서 디도를 만났다. 디도는 고린도 교인들이 바울의 편지를 받고 퍽 좋아졌다는 기쁜 소식을 듣게 되었다. 그러나 아직도 필요한 말이 있었으므로 이 편지를 쓰게 된 것이다.

●**내용** : 첫째, 바울의 사도직을 묘사하여 화해의 임무가 바로 그것임을 설명하여 바울과 고린도 교회와의 관계가 회복된 것을 기쁘게 여겼으며(1장), 둘째, 바울의 전 편지에 대하여 저들이 많은 근심에 잠길까 하는 염려도 있었고(지난번에 기록한 말씀 때문에, 2:5~11) 셋째, 고린도 교인들에게 예루살렘의 가난한 성도를 위해 약속한 헌금을 후한 마음으로 미리 준비하여 줄 것을 말씀했고(8~9장), 넷째, 잘못된 사람을 공격하고(10:1~13:10) 바울의 사도직을 옹호했으며(11:1~), 그가 고난당한 일을 말씀했고(11:23~27), 대적들에게 회개할 것을 권면했고, 또 곧 방문하겠다는 말씀과 축도로 끝났다(고전 10장~13:10).

● **내용 분해**

① 서론(1:1~11)

② 바울이 고린도 교회와 이루어진 문제들을 말씀함(1:12~7:16)

③ 예루살렘의 가난한 성도들을 위해 연보함에 대하여(8:1~9:15)

④ 바울이 자기 사도직의 권위를 말씀함(10:1~3:10)

⑤ 결론으로 권면, 문안, 축도(13:11~13)

9. 갈라디아서

● **저자** : 사도 바울(1:1, 5:2). 문체와 고대 교부들에게서 증거됨(3:19, 4:26, 6:7)

● **때와 곳** : 주후 53~56년경, 에베소(행 18:23, 19:1)

● **수신** : 갈라디아 교회(행 16:6). 갈라디아인은 본래 서유럽에서 그곳으로 이주한 골(Gauls)이었다(갈라디아는 헬라어 명칭으로, 로마인은 갈라디아를 갈리아(Gallia), 골(Gaul)이라 불렀으며, 지금의 '프랑스인'이다). 갈라디아 교인은 처음 바울에게 최대의 친절을 주었다(4:15). 그러나 바울이 떠난 후에는 다른 복음을 전하는 자들이 들어와 저들을 미혹함으로 은혜의 복음이 변절하였다(1:6, 3:1~3). 성격은 포악하고 단정하지 못하고 우상적이었다.

● **내용** : 바울이 본서를 기록하게 된 동기는 저들이 이미 바울을 통하여 받은 복음적 신앙에서 떨어져 점차 거짓교사들의 선전에 의하여 다른 복음 곧 율법주의, 금욕주의 조상의 유전으로 돌아가는 소식을 듣고 안타까운 생각에 저들의 미혹을 받지 않고 믿음으로만 구원받는 이치를 분명하게 증거하였다.

구원은 은혜 곧 거저 주시는 것으로서 믿음으로 받는 것임을 강조하였다. 이러한 증거를 위해서는 바울의 사도직을 강조해야만 하였다. 사도직은 당시 최대의 직이기도 했다. 그러면서 자기를 변호함이 아니요 은혜의 복음을 더욱더 전파함이었다. 그래서 사도직은 하나님 아버지와 예수 그리스도의 근원에서 비롯된 것을 강조하였다. 사도직은 안디옥 회의에서 바울에게 온 것이 아니요 예수 그리스도와 하나님으로부터 유래된 것임을 강조하였다(1~2장).

바울의 사도직에 대하여는 첫째, 다메섹에서 친히 부활하신 주님을 목격했고, 둘째, 이방의 사도로 주께 친히 보내심을 받고, 셋째, 택함을 받아 아라비아에서 3년을 친히 교육을 받은 사실로 입증되었다.

또한 바울은 저들의 정체를 폭로하였다. 율법의 참 목적도 설명해 주었다. 그러나 바울은 은혜의 복음을 강조함으로 도덕 생활에서 무관심하게 될 것을 염려하고, 주께 받은 은혜의 복음을 실제 생활에 옮겨 완전한 그리스도인의 생활에 이르게 하려는 것이었다(5:1~6:18). 바울은 이것을 그리스도인의 참 자유라고 설명하였다. 그러므로 우리는 주님의 은혜의 복음으로 이루어진 참 자유를 무엇에도 빼앗기지 말아야 하겠다(5:1).

● 내용 분해

① 변증적 부분(1:1~2:21)

② 복음과 율법과의 관계(3:1~4:31)

③ 성령에 의한 윤리적 생활(5:1~6:10)

옥중서신

옥중서신(The Prison Epistles)

바울서신 중 그가 옥중에서 기록한 서신 에베소서, 빌립보서, 골로새서, 빌레몬서 등을 총칭한 이름이다. 바울은 비록 죄수의 몸이 되어 있었으나 하나님께서 바울을 통하여 이루고자 하는 뜻, 성경 완성을 위한 성령의 역사는 금고할 수 없었다. 옥중서신 별명은 '구속의 서신'(The Epistles of the Captivity)이다.

옥중 생활의 동기

바울의 3차 전도 여행은 성공적이었다. 그는 당시 대로마제국의 수도인 로마로 가서 복음을 전하고 또한 세계 복음화에 소명감을 가지고 있었다. 그는 3차 전도여행을 마치고 예루살렘의 기근을 구제하기 위하여 이방인 교회 헌금을 가지고 예루살렘을 방문하였으나 체포되고 가이사랴 옥중에서 3년간 옥중 생활을 하는 중 가이사에게 상고하여 로마법에 의해 로마로 호송되었다. 이는 그의 결과를 보아서 하나님의 뜻과 섭리가 이루어진 것이다.

옥중에서 한 일

① 가이사의 궁에 전도(빌 4:22)

② 파수꾼에게(빌 1:13)

③ 찾아온 무리에게(행 28:23~31)

④ 서신을 기록함으로 기독교의 초석을 마련한 일 이외에도 디모데전 · 후서, 디도서도 포함되는 것 같으나(딤후 1:8, 2:9) 4서신 외는 목회서신으로 취급하는 것이 상례이다.

연대, 쓴 곳, 기자

① 연대 : 주후 61~36년경

② 쓴 곳 : 로마 옥중

③ 기자 : 사도 바울

옥중서신으로 인증받는 이유가 연대, 쓴 곳, 기자뿐만 아니라 여러 가지 사정들이 같으며 밀접한 연관성을 가지고 있기 때문이다. 두기고가 두 편지의 배달원이라는 점(골 4:7, 엡 6:2)과 비슷한 점들이 동시에 이루어진 일(골 4:17)이다. 또한 두기고와 오네시모는 바울과 여행을 같이한 점, 빌레몬서의 배달원이 오네시모라는 점으로 보아 에베소, 골로새와 함께 동일시된다. 특히 바울은 빌레몬서에서 아킵보를 말하였고 이 편지를 골로새에서 받았다고 한다(골 4:17).

그러므로 장소, 시기, 내용이 서로 밀접하게 연관되어 있음을 알 수 있다.

10. 에베소서

● **저자** : 사도 바울

● **연대** : 주후 61~63년경

● **쓴 곳** : 로마 옥중(엡 3:1)

● **수신** : 에베소 교회(1:1)

● **에베소 교회 설립** : 에베소는 당시 소아시아의 대도시였으며 마술과 아데미(Artemis) 신전과 우상숭배로 유명하였다. 바울은 1차 전도여행 시 이곳에 잠시 체류하면서 전도한 일이 있었다(행 18:19~21). 그 후 2차 전도 여행 시는 3년 동안 체류하면서 전도하여 교회를 설립하였다. "……내가 삼 년이나 밤낮 쉬지 않고 눈물로 각 사람을 훈계하던 것을 기억하라"(행 20:31).

● **총주제** : 그리스도 안에서 통일(하나)되라는 권면과 진리에 대한 교훈이다.

● **내용 사상**

〈천륜과 인륜〉

① 천륜은 교리적 부분이요(1~3장)

② 인륜은 성도의 실천 생활 부분이다(4~6장)

본서의 중심 사상은 그리스도의 몸을 세우려는 것이며, 영원한 성전을 보여 주려는 것이다. 이를 위하여 그리스도 신앙 안에서 강하여지기를 원하는 것이다. 또한 이러한 신앙은 옛 사람을 벗어 버리고 새 사람의 옷을 입으라고 권하였다. 바울은 다시 예수 그리스도로 인하여 유대인과 이방인이 하나가 됨을 보여주며 그리스도와 한몸이 된 성도들이 영광스런 신분에 계시하기 위함이다(1~4장).

● **내용 분해**

① 제1부 교리적 부분(1~3장)

- 1장 : 사도의 문안으로 시작하여 성삼위 역사로 이루어진 구원의 은혜를 찬미하였는데 이는 예수 그리스도를 통하여 이루어졌으며 그리스도의 사역은 만유를 통일하셨다고 강조하였다.
- 2장 : 교회 설립의 상황

  교회의 설립은 순전한 은혜로 된 것으로 그리스도 신앙은 하나님과 화목하고 유대인이나 이방인이 일체가 되었음을 설명하고 선지자와 사도들의 사역은 신령한 교회 건설에 기초가 되었음을 강조하였다.
- 3장 : 사도직과 교회의 관계

  하나님께서 사도를 세워 신약 교회를 설립하심을 설명하였다.

② 제2부 실제적 생활(4~6장)

- 1~3장 : 교리적 부분을 토대로 하여 성도들의 실천 도덕을 설명하였다.
- 4장 : 온 교회에 대하여 하나가 되라고 하였다. 에베소 교회가 하나 되는 방법은 겸손, 온유, 인내, 포용의 덕으로 할 것이며 기독교리 자체가 하나이기 때문에 모두 일치되어야 한다는 것이다. 그뿐만 아니라 불신 생활을 완전히 벗어 버리고 그리스도 안에서 새로움이 있어야 할 것이다.
- 5~6장 : 4장의 연속으로 빛 가운데 행할 것과 부부간의 실천 도덕, 부모에 대하여, 자녀의 대하여, 노소에 대한 윤리 도덕을 강조하였다.

③ 결론(6:10~24)

이 부분에서는 마귀를 대적하기 위해서 하나님의 전신 갑주를 입을 것과 두기고를 보내는 이유를 설명하고 축도로 끝난다.

11. 빌립보서

●**저자** : 사도 바울(1:1)

●**연대** : 주후 62~63년경

●**쓴 곳** : 로마 옥중

●**빌립보 교회와 편지한 동기** : 바울의 제2차 전도 여행 때 구라파 마게도냐 지방에 처음 세운 교회다. 바울은 그곳에서 옥고를 치렀고 기적적으로 풀려 나오기도 했다. 또한 빌립보 성도들은 많은 사랑과 대접을 아끼지 않았다. 바울이 빌립보에서 쫓겨나 데살로니가에 갔을 때 많은 도움을 제공했다. 또한 바울이 로마 옥중 생활을 할 때도 에바브로디도를 보내 시중을 들게 하였다. 에바브로디도는 중병에 걸려 거의 죽게 되었으나 은혜 중에 소생하여 빌립보로 다시 돌아가길 원하였기에 이 기회를 이용하여 편지를 썼다.

그 편지의 목적은 바울이 항상 그 교회에 대하여 사랑의 심정을 보이며 그들이 도와준 일에 대해 감사함을 나타내고자 함이요, 현재 바울의 형편을 말하여 저들에게 격려를 보내고자 함이었다. 특히 주목할 것은 본서는 옥중서신으로 그같이 빌립보 교회를 생각하며 감사기도하는 것을 보면 상호 간에 은혜로운 교제와 역사가 있었음을 나타내 보인다.

또한 바울은 죄수의 몸으로 있으면서도 오히려 주 안에서 기쁨과

만족을 가지고 있음을 보여주며 그 넘치는 기쁨과 담대함을 빌립보 교회에도 권하고 그리스도의 숭고한 생애를 강조하기도 하였다. 바울은 다시 한 번 빌립보 교회를 방문하여 권면할 생각도 있었고 주님의 복음을 위하여 애쓰고 수고하는 저들에게 격려를 보내려는 의도가 보인다. 특히 거짓교사들을 주의하여 유혹받지 말 것도 강조하고 있다.

● **내용 분해**

① 서론(1:1~26)

② 복음에 합당한 생활을 권함(1:27~2:18)

③ 재방문을 희망함(2:19~30)

④ 거짓 스승을 경고함(3:1~21)

⑤ 권면(4:1~23)

12. 골로새서

● **저자** : 사도 바울(1:1, 23; 4:18)

● **쓴 곳** : 로마 옥중(4:11, 행 28:31)

● **연대** : 주후 61~63년경

● **수신** : 골로새 교회 성도들(1:2)

● **교회 설립** : 바울의 제자는 에바브로디도(1:7)이며, 골로새는 에바브로디도의 고향이다.

골로새는 에베소 동방 약 100마일 지점 리쿠스(Lycus) 계곡에 위치했으며 처음에는 대도시였으나 점차 쇠퇴되어 사도 시대에는 인접한

라오디게아나 히에라폴리에 비하여 보잘것없는 도시였다(4:13). 바울은 전도 여행 중에 그 도시를 통과하였을 것으로 보이나 교회의 설립에 대한 문제는 취급하지 않고 바울의 복음을 들은 자나 제자인 에바브로디도가 유력하다(1:4, 1:7, 4:12).

● **저작 동기** : 바울은 로마 옥에 갇혀 있을 때 에바브로디도를 통하여 교회의 어려운 사정을 듣게 되었다. 그 내용은 은혜의 복음증거에 대한 도전과 이단 사설의 침투였다. 구체적으로는 사람의 유전과 초등학문(2:8), 천사숭배(2:10~15, 18), 금욕적 계율과 형식주의(2:16, 21)다. 바울은 이러한 소식을 듣고 바울이 세운 교회나 다름이 없는 그 교회에 대하여 은혜의 복음 중심인 그리스도론을 전개하여 문제의 해답을 주고자 했다. 즉 그리스도는 속죄하시는 구주시요, 창조의 근본이시며 교회의 머리가 되심을 증거하였다. 그뿐만 아니라 친히 몸으로 화목제물이 되심으로 저들을 거룩하고 흠이 없게 하셨으니 그 복음 신앙에 굳게 서서 흔들리지 말아야 함을 역설하셨다. 또한 바울의 사역이 곧 이 복음을 전파하기 위함이요 또 그 안에 살게 하려는 사명인 것을 강조하였다. 또한 3장에서부터는 실천론을 강조하였는데 그 내용 역시 새사람의 생활 원리가 위의 것 곧 예수 그리스도의 생애와 사역과 승천과 재강림으로 이루어질 영원한 생을 목적하고 살아야 될 것을 말씀하셨다. 어떤 학자는 위의 것에 대하여 마태복음 6:33 "너희는 먼저 그의 나라와 그의 의를 구하라 그리하면 이 모든 것을 너희에게 더하시리라" 한 기독교인의 생활 윤리로 설명하기도 한다.

● **내용 분해**

① 서론(1:1~12)

② 교리론(1:13~3:4)

③ 실천론(3:5~4:6)

④ 결론(4:7~18)

13. 빌레몬서

● **저자** : 사도 바울(1:1~19)

● **쓴 곳** : 로마 옥중(골 4:18, 몬 1:19)

● **연대** : 주후 62~63년경

● **내용** : 빌레몬은 골로새 지방의 부유한 그리스도인이었다. 그는 오네시모라고 하는 노예가 있었는데 그 노예는 도둑질을 한 후 로마로 도주했다. 그러나 오네시모는 로마에서 바울을 만나 회개하여 좋은 신자가 될 뿐 아니라 바울을 수종들었다. 바울은 오네시모의 과거를 알았고 오네시모는 그러한 바울에게 중재를 희망한 듯하다. 그래서 바울은 오네시모를 빌레몬에게 돌려보내면서 이 중재 편지를 쓰게 되었다(12, 15, 16). 그 내용은 오네시모를 노예로 대하지 말고 그리스도 안에 있는 형제로 대해 달라고 하며 보상도 해 주겠다고 하는 애원이었다.

● **내용 분해**

① 서론(1~7)

② 애원(8~21)

③ 결론(22~25)

14. 데살로니가전서

● **저자** : 사도 바울(1:1, 2:18)

● **연대** : 주후 52년(행 17:18; 살전 3:1~6)

● **쓴 곳** : 고린도

● **교회 설립자** : 바울(행 18:3)

● **내용과 배경** : 바울은 2차 전도 여행을 유럽 지방으로 떠났는데 실라와 디모데를 동반하고 데살로니가에 이르렀다(행 17:, 16:3, 빌 1:22). 사도행전 17장에는 바울이 빌립보에서 반대자들에 의해 쫓겨나 데살로니가로 가서 회당을 빌려 약 4주 동안 복음을 전파했다. 유대인들은 이를 시기하여 폭동을 일으켜 바울은 또다시 베뢰아로 피신하여 전도하는 중 유대인의 폭도들이 그곳까지 좇아와 박해함으로 쫓겨나 고린도에서 1년 반 동안 머물러 전도하였다(행 8:1~11). 바울은 그곳에서 다시 한 번 데살로니가에 가기를 원했으나 이루지 못했다(2:18).

그래서 바울은 디모데를 그곳에 보내(3:2) 교회의 상황을 알아보니 비교적 기쁜 소식을 들려왔다(3:6). 바울은 이 소식을 듣고 기뻐하며 감사할 뿐 아니라 저들의 도덕상 문제에 경계를 요하고, 주님의 재림 문제는 잘 가르쳐 주고 싶었다. 그래서 다시 가기를 원했으나 사정상 못 가고 편지를 쓰게 되었다. 본서에 나타난 디모데의 보고는 아직도 계속되는 환란 속에서도 믿음의 역사와 사랑의 수고와 주께 대한 소망의 인내와 바울에 대하여 깊은 애정을 가지고 있는 사실들이었다

(2~3장). 그러나 염려되는 일도 있었으니 음란 행위에 대한 일, 게으른 것, 죽은 자들이 주님 재림 시에 재림 영광에 참여하지 못할까 하는 염려(4장) 그리고 교직자들을 존경하지 않는 사람들에 대한 염려도 있었다(5장). 그래서 바울은 저들의 훌륭한 신앙에 대하여 칭찬과 격려를 보내는 동시에 연약한 신자들에게는 좀더 분명하게 교리적 부분을 설명하여 확고히 세우려는 목적에서 이 편지를 썼다.

●**내용 분해**

① 사도의 감사와 그들에 대한 애모(1~3장)

② 여러 가지 실제적 교훈(4~5장)

③ 결론 : 기도, 문안, 부탁과 축복(5:23~28)

15. 데살로니가후서

●**저자** : 사도 바울(1:1, 3:1 살전 2:9, 살후 3:8)

●**쓴 곳** : 데살로니가 교회(1:1)

●**연대** : 주후 52년, 겨울 제2차 전도여행 시(데살로니가전서를 쓰고 2~3개월 후에 썼다고 한다)

●**쓴 곳** : 고린도

●**저작의 동기와 내용** : 바울은 데살로니가 교회에 보낸 편지(전서)의 회답을 받았을 것이며 간접적으로도 그 서신의 반응을 들었을 것이다. 서신의 내용은 교회에 대한 핍박이 계속되고 있으며(1:4~6), 교회의 내부에서는 재림에 대한 과열 상태인데(전에서도 취급) 바울의 교훈을 잘못 이용하여 재림은 이미 실현되었다고 하며 바울에게 다른

편지를 받았다고 하여 혼란을 일으키고 있다는 것이었다(2:1~12). 예나 지금이나 그런 신자들은 일을 해서 무엇하느냐 하면서 아무 일도 하지 않는다. 그러므로 저들은 세상 사람들에게 폐를 끼치게 되었고 비난의 대상이 되었다. 이런 소식을 들은 바울은 다시 붓을 들어 본서를 기록하여 저들의 잘못을 시정하려고 하였다.

그 내용은 재림의 교리를 해명하였다. 즉 세상의 종말이 오기 전에 먼저 어떤 징조들이 나타난다는 것이니 배신하는 무리들이 생기고 무법한 자들이 나타난다는 것이다(2:1~4). 2장 후반부는 데살로니가 교회를 위한 기도와 3장에서는 바울의 일생을 위해서도 기도를 요청하였다. 또한 일하지 않고 허망한 꿈속을 사는 저들에게 부지런히 일하며 먹고 살라고 권면했다(3:6~9). 또한 불순종자들과는 사귀지도 말라고 권했다.

● 내용 분해

① 서론 : 사도의 문안과 감사(1장)

② 재림의 문제(2장)

- 재림의 순서
- 구원받은 자

③ 실제 생활에 대한 교훈(3:1~16)

④ 문안과 축복(3:17, 18)

목회서신

목회 서신은 디모데전·후서와 디도서를 종합한 이름이다.

이 호칭은 토마스 아퀴나스(Thomas Aquinas, 1227~1274)가 "이 세 편의 편지는 그 내용이 모두 교회 목양에 관한 것을 다루었다"고 한 데서 기인하고 정식으로 호칭되기는 독일의 경건파인 바울 안톤(Paul Anton, 1661~1730)이 1726년에 시작했다. 목회서신은 특수하고 공통되어 서론 문제는 일괄적으로 취급함이 보통이다.

① 사신(私信)이다. 이는 사신이면서 공신이기도 하다.

② 저자의 사정이 특수하였다.

③ 문체, 용어, 사상이 흡사하다.

④ 편지 내용을 살펴보면 교회의 사정이 동일하다.

⑤ 저자의 의도는 이런 사정 안에서 교회의 목회 방법을 가르치고 있다.

빌레몬서는 가족과 교회에 보낸 것인 데 비해 목회 서신은 수신자가 개인이다. 디모데와 디도는 바울의 조력자들이다. 디모데는 에베소 담당 보좌관으로 아시아 지방을 두루 책임져 일했고, 디도는 그레데 섬의 조직 책임자로 일했고, 바울도 이곳에서 얼마 동안 동역했다.

● **저자** : 사도 바울(1:1, 딤후 1:1, 딛 1:1)

● **쓴 곳** : 디모데와 디도

● **디모데** : 출생지는 루스드라(행 16:1, 20:4)로 그의 부친은 헬라인이며 모친은 유대인으로 혼혈자(행 16:1)이다. 어머니는 유니게, 외조모

는 로이스(딤후 1:5)로 그는 어머니 계통의 경건한 신앙교육을 받으며 성장했다. 바울의 총애와 신임을 얻었다(딤후 1:5, 3:15). 부친에 대한 언급이 없는 것으로 보아 일찍 별세한 듯하다. 디모데의 이름은 헬라명으로 '하나님의 영예'란 뜻이다. 그는 유대교 신앙에서 바울에 의하여 복음 신앙으로(기독교) 개종했다(딤전 1:12, 18, 행 14:6~23). 수년 후 바울이 2차 전도 여행 때 루스드라에서 그를 보좌관으로 부르기 위해 할례를 주었다(행 16:3). 그 후 그는 임직의 안수를 받고(딤후 1:6, 3:14) 루스드라를 떠나 바울과 동행했다.

바울의 제3차 전도여행 시 에베소에 찾아와 재회했고 에라스도와 함께 마게도냐로 파송받았다(행 19:22). 또한 고린도 교회의 수습을 위해 파송되었다(고전 16:10~11, 고후 8:16, 17). 드로아에도 바울과 동행했다(행 20:4).

특히 바울서신(살전·후, 고후, 빌, 골, 몬)의 송신자로 기록되었다.

〈디모데의 특성〉

① 진실과 경건

② 바울의 총애를 받음

③ 심신이 유약함

④ 바울을 위해 충성

⑤ 바울의 후계자(딤후 1:2, 살전 3:2, 빌 1:1, 딤전 6:11)

● **디도** : 디도는 디모데처럼 광범위한 활동이 없는 것 같으나 성격과 수완이 원숙한 듯하다. 그의 이름이 나타난 서신은 고린도후서, 갈라디아서, 디모데후서, 디도서 등뿐이고 사도행전에서는 별로 보

이지 않는다. 그는 이방인이었으며(갈 2:3) 바울에게서 감화를 받은 것으로 보이나 분명한 기록은 없다. 바울의 제1차 전도 여행 말기에 안디옥에 있었고 그 교회 대표로 바울과 바나바를 따라 예루살렘 총회에 참석했다(행 15장; 갈 2:1). 그 후 바울의 3차 여행에 가담하여 고린도 교회를 위해 노력한 결과 큰 성공을 함으로 디모데보다 능숙했던 면도 발견됐다. 그러므로 바울이 고린도후서를 기록하는데 도움을 주었고 또 그 서신을 가지고 고린도에 다시 간 듯하다(고후 7:6~7). 또한 예루살렘 교회를 위하여 헌금을 모금했다(고후 8:6, 16~23). 디도는 그레데에 남아 감독직을 맡아 장로를 세우고 교회를 조직하였다. 또한 달마디아로 파송 받은 일도 있다(딤후 4:10). 그의 말년은 유세비우스(Eusebius)의 말에 의하면 그레데 교회를 감독하고 있었다. 94세의 고령으로 세상을 떠났다고 한다.

디도 역시 바울의 애칭을 받았다. '참 아들'(딛 1:4) '형제'(고후 2:13) '나의 동무, 나의 동역자'(고후 8:23) 등이다.

● **저작의 동기와 목적**

① 이단 경계와 바른 사상을 가르치기 위함(딤전 1:4~7, 딤후 2:23~26, 딛 1:10~13)

② 교인들의 윤리적 훈련(딤전 2:1~15, 딤후 3:14~17, 딛 2:1~10)

③ 교회 행정 조직 체계화(딤전 3:1~13, 딤후 1:3~8:3, 딛 1:5~16)

16. 디모데전서

● **저자** : 사도 바울(1:1)

●**수신** : 디모데(1:2, 18, 6:10)

●**디모데에 대하여** : 사도행전 16:1~3, 18:5, 19:22, 20:4

●**연대** : 주후 64~66년

●**쓴 곳** : 마게도냐

●**동기**

① 사도의 문안(1:1~2)

② 이단을 배격하고 진리를 수호할 것을 강조(1:3~20).

저들 거짓 교사들은 율법과 복음의 뜻을 왜곡하였다. 이는 대단히 어려운 일이나 교사는 하나님의 소명임을 충고하면서 거짓 교사는 엄단하라고 하셨다.

③ 일반인 특히 권세자들에 대한 태도(2장)

곧 공직자들을 위하여 기도할 것과 여자들의 위치 및 처신에 대하여 권면했다.

④ 교회 제직의 자격(3:1~13)

이는 감독과 집사가 갖추어야 할 자격을 말해주고 교회를 진리의 종이자 협력자로 이끌 것을 권면함.

⑤ 목회자의 할 일(4:1~16)

다른 사람들은 신앙에서 떨어져 나가지만 디모데는 하나님의 사업과 많은 열매를 맺은 기독교 사업에 투신하라 함.

⑥ 교회의 여러 계층, 특히 장로와 과부에 대한 지침을 설명(5장)

⑦ 여러 가지 잡다한 문제를 열거함

곧 선한 싸움을 싸울 것, 노예의 규정, 질투에 대한 경고, 부자의 재산 관리, 거짓 교사를 삼갈 것 등이다.

17. 디모데후서

●**저자** : 사도 바울(1:1)

●**쓴 곳** : 디모데(1:2)

●**연대** : 주후 67년경(1:8, 16, 4:4, 9, 16, 21)

●**장소** : 로마 옥중

●**목적**

① 바울은 동역자 디모데를 부르기 위하여

② 디모데가 가야 할 정도를 위하여

●**내용** : 바울과 디모데 사이는 마치 다정한 부자(父子)와 같다. 잠시라도 떠나 있으면 피차 사모하여 기도하였다. 바울은 편지로 디모데를 문안하고 칭찬과 격려를 보내며 주님을 증거함에 부끄러워하지 말 것을 권하고 있다. 이는 하나님의 은사를 불 일 듯함에 있다고 하며 하나님의 진리를 굳게 잡아 그리스도의 선한 군사가 되어야 함을 권하고 있다. 또한 그리스도의 일꾼은 항상 기쁠 때만 있는 것이 아니다. 바울은 친히 주님을 위하여 고난당한 것을 상기하면서 디모데 역시 주님과 동고동락 동사해야 할 것을 부탁했다. 또한 주의 종으로서 마땅치 않은 행동을 하지 말 것을 말씀했다. 특히 말세에는 타락하고 배교하는 자들이 나타날 것에 대하여 경계를 요했다. 이와 같은 주님의 선한 종의 갈 길과 할 일은 하나님의 말씀을 깊이 연구하고 전파하는 일뿐임을 강조하고 이미 많은 경험을 가진 풍부한 바울의 경험을 본받고 나갈 것을 말씀했다. 4장에서 바울의 마지막 인사와 축도로 끝났다.

●내용 분해

① 문안(1:1~2)

② 감사와 권면(1:3~18)

③ 교훈과 격려(2:1~4:8)

④ 결론(문안과 축복) (4:9~22)

18. 디도서

●저자 : 사도 바울(1:1~2)

●수신 : 디도(1:4, 갈 2:3, 행 15장)

●연대 : 주후 66~67년경

●쓴 곳 : 에베소

●내용 : 바울은 먼저 문안하고 교회의 행정적 지시를 하는 바 장로를 세움에 그 자격이 어떠함을 말하고 거짓 교사들의 행위를 막는 것이 또한 저들(장로)의 사명임을 말씀했다.

또한 교회 안에 각층 즉 노인에 대하여, 젊은 여자에 대하여, 젊은 남자에 대하여, 노예에 대하여 어떻게 행할 것을 지시하면서 그의 기준을 지시하였다. 3장에서는 성도의 사회생활에 대한 교훈으로 세속 세계에 대한 태도와 이단자들에 대한 태도를 말씀하고 문안과 축도로 끝난다.

●내용 분해

① 서론

- 인사(1:1~4)

• 장로의 자격(1:5~9)

• 거짓 교사에 대한 경고(1:10~16)

② 교회 각층에 대한 태도(2:1~15)

③ 성도의 사회 생활 태도(3:1~11)

④ 결론(문안 축도) (3:12~15)

19. 히브리서

●**저자** : 사도서신 혹 사도 바울설은 판테누스(Pantaenus)와 알렉산드리아의 클레멘트(Clement of Alexandria)의 주장이다. 루터나 칼빈의 증거는 베드로의 진술 내용(벧후 3:15, 벧젠 1:1)과 교리적 교훈(벧전 1:1)이 바울의 다른 서신들과 동일하며(히 2:12~14, 고전 3:2, 10:1~1, 히 10:38, 롬 1:17), 더욱 히브리서 10:34에는 저자가 갇혀 있었고 디모데와 밀접한 관계가 있었다(13:23, 살전 3:2)고 했다. 이달리야에서 썼다(히 13:24).

●**수신** : 흩어져 사는 히브리인

●**연대** : 주후 70년 이전

●**내용** : 하나님의 마지막 계시는 아들로 말미암아 된 것이니 모든 예언자들로 말미암은 계시보다 탁월하다는 내용으로 시작된다. 또한 천사들보다 우월하고 옛 계약의 대표자들인 모세와 아론보다 우월함을 증거한다. 실로 저들은 예수 그리스도를 요청함에 준비자들이다. 그러므로 그리스도는 멜기세덱의 법통을 이은 아론의 제사장직보다 탁월한 대제사장임을 역설한다. 또한 이 대제사장직은 새로운 언약 아래서 수행될 것이다. 새로운 지성소에서 새롭게 보다 나은 제사

를 위해서 완전무결한 최후의 희생 제물이 되며 영원한 유산을 부여해준 것이다. 10장에서 마지막 13장까지는 실제적 생활의 교훈으로서 하나님의 계율을 소홀히 여기지 말고 중생만을 믿음으로 잘 지켜 성별 생활에 힘써 견고히 복종하는 미덕의 생애를 권면했다.

● 내용 분해

① 그리스도 계시의 탁월성(1:1~4:13)

② 그리스도의 제사적 역사(4:14~10:18)

③ 믿음의 실천적 권면(10:19~13:25)

제3장

공동서신

야고보서, 베드로전·후서, 요한 1, 2, 3서, 유다서를 합친 것을 호칭한 것이다. 이 명칭의 유래는 처음에 유명한 역사가 유세비우스(Eusebius)가 야고보서를 공동서신(The Catholic Epistles)이라고 호칭하면서 시작되었다(263~340). '공동'이라는 말은 히브리어로 카돌리콘(καθολικων)으로 보편서한(General Epistles)이라는 뜻이다. 이 보편성은 일정한 개인이나 교회를 상대로 기록하지 않고 일반적으로 주어진 보편성을 띠고 있기 때문이다. 또한 성경으로 공인되었다는 뜻도 있다.

20. 야고보서

● **저자** : 예수의 친동생 야고보(1:1). 야고보의 어원은 '야곱'이다.
마태복음 13:55에 보면 주님의 동생이며 요셉, 시몬, 유다 등의 형이었다. 그는 예수님의 처음 전도 시에 믿지 않았으나(요 7:5) 예수님이 부활하신 후에 믿어(고전 15:7) 형님을 주님이라고 믿었다. 오순절 때는 사도들과 합심하여 일함으로 예루살렘 교회의 기둥 역할을 하게 되었다(행 1:14, 고전 9:5, 갈 2:9). 그는 믿기 전부터 엄격한 율법 준수자였다. 바울이 예루살렘에 방문했을 때 교회의 지도자로 있었으며(갈 1:19) 재차 방문했을 때(11년 후)에도 교회의 지도자로 있었다(갈 2:9), 바울이 마지막 여행에서 돌아왔을 때 그 지위를 그대로 유지하고 있었다(행 21:18). 초대 교회의 많은 문헌들은 그를 '의인'이라고 불렀으며 사가 유세비우스도 감독의 직위를 인정하였다.

사가 요세푸스(Josephus)의 전설에 의하면 주후 62년 안나스의 아들 대제사장 아나누스(Ananus)는 새 총독 알비너스(Albinus)의 부임을 계기로 공회에서 율법 파괴자로 정죄하여 돌로 쳐 죽였다고 한다. 그는 돌에 맞아 순교하면서 예수를 증언했다고 하며 원수들을 위하여 기도했다고 한다.

●**연대** : 51~62년경

●**장소** : 예루살렘을 취함

●**수신** : 흩어져 있는 12지파(1:1) (유대인 신자)

●**내용** : 본서는 기독교인의 실천도덕을 강조한 것으로 교리적인 면은 강조되지 않았다. 이는 수신자들에게도 관계된 듯하다. 혹자들은 로마서의 교리적인 면과 반대된다고 하나 깊이 상고하면 상호 불가분의 관계가 있음을 시인하게 되며 교리는(신앙) 참된 행위가 따르는 것으로 해석해야 할 것이다. 예수님도 산상수훈을 강조하셨다. 바울 선생의 믿음에 대한 강조를 막연한 하나님 지식에 두지 않고 하나님 계시에 대한 인간의 호응과 신뢰와 충성으로 신비적 그리스

도와의 연합된 사랑의 행위로 연결시킨 것이다. 본서 2:19 "……귀신들도 믿고 떠느니라"라고 한 것은 그리스도와의 영적 연합에서만 구원을 받게 되며 어떤 지적 개념이 형성되었다고 구원받는 것이 아님을 말해 준다.

본서는 믿음을 논박하는 것이 아니요, 믿음의 본질을 강조한 것이다(2:20).

이러한 견지에서 1:2~2:2은 환란에 대하여, 시험에 대하여, 하나님 말씀에 대하여 실천 도덕을 강조하고, 3:4에서는 교만, 시기, 분쟁을 경계하고, 5장에서는 여러 가지 교훈으로 인내와 기도가 얼마나 중요한가를 강조하였다(내용 분해 생략).

21. 베드로전서

● **저자** : 사도 베드로(1:1)

① 본명은 시몬(요 1:41, 행 15:4)

출생지는 벳새다(요 1:44), 부친은 요나(마 16:17) 또는 요한(요 1:42), 아우는 안드레, 그의 형제는 후일 가버나움에 의거하여(마 8:5) 갈릴리 어부 생활을 하였으며 결혼했다. 그는 아우 안드레에 의해 주님을 만났다(요 1:40~42). 그 후 다시 갈릴리에서 부르심을 받았고(눅 5:10) 다시 택함을 받아 12사도에 참여하였고(마 10:2) 항상 수제자의 반열에서 일했다(마 17:1~26). 그는 위대한 신앙고백을 하였으며 베드로 곧 '반석'의 호칭도 받았다(마 16:13~18). 그러나 예수님을 부인하는 실수도 있었다(마 26:56~75). 그는 일시 주를 떠났으나 예수님의 부활 시 먼저 무덤을 찾아갔으며(요 20:10) 특별한 사명도 받았다(요 21:15~19).

② 그의 업적

오순절 교회 창립과 지도(행 2:14~41)

사마리아 지방을 순행하여 욥바, 가이사랴, 안디옥에서 역사했다(행 9:32). 로마 교회에서는 교황의 전설을 주장하나 확실성은 없고 네로 황제 때 순교한 것은 승인할 만하다.

●**수신** : 본토 갈라디아, 갑바도기아, 아시아와 비두니아에 흩어진 나그네(1:1~2, 18, 2:10)와 각처에 흩어진 그리스도인이다.

●**연대** : 주후 63~68년경

●**장소** : 바벨론(5:13 로마의 상징적 이름이라 한다)

●**목적** : 예루살렘이 멸망하기 전 네로가 기독교를 박해할 때 핍박과 환란에 시달리는 그리스도인들에게 소망과 위로를 주기 위함이다. 저자는 이러한 핍박과 환란에서 승리할 수 있는 길은 성도들을 위로하고 구원하시는 하나님의 사랑을 확신함에 있음을 역설함에 있다.

●**내용** : 1장, 2장에서는 본서의 목적과 같이 환란과 박해 가운데 있는 그리스도인들에게 필요한 것은 잠시 동안 육적 일을 초월하여 영원한 하늘의 소망을 가질 것이니 "썩지 않고 더럽지 않고 쇠하지 아니하는 유업을 잇게 하시나니 곧 너희를 위하여 하늘에 간직하신 것이라"(벧전 1:4)라고 격려하였고 신자의 목표와 이상은 예수 그리스도시다. 그리스도의 십자가는 신자 최고의 이상이요, 또 목표로 삼고 그리스도를 본받는 것이어야 한다고 위로했다. 3장에서는 신자의 윤리 생활을 중심하여 부부간의 윤리와, 사랑과 온유함으로 모든 신자는 하나님의 축복을 확신할 것과, 올바른 생활에 고통을 당할지 모르

나 십자가에 못 박히신 그리스도와 같이 하나님께서 기꺼이 용납하실 것을 말했다.

4장에서는 말세에 세상과 타협하지 말고 그리스도와 함께 고난 받을 것을 각오할 것, 남은 생애를 기도와 사랑의 봉사로 지낼 것, 그리스도를 위한 고난은 오히려 하나님께 감사한 일이니 더욱 하나님을 의지할 것이라 했다.

5장에서는 결론적 부분으로 성도들에게 권면을 준다. 장로들은 겸손하게 하나님의 양무리를 치라는 것이다.
항상 근신하여 깰 것과 은혜에 굳게 설 것을 권했다.

●내용 분해

① 인사(1:1~2)

② 그리스도인의 자격과 신앙문제(1:3~2:10)

③ 그리스도인의 실제 생활에 대한 교훈(2:11~4:6)

④ 교회의 신앙생활(4:7~5:11)

⑤ 마지막 인사(권면, 문안, 축복) (5:12~14)

22. 베드로후서

●저자 : 사도 베드로(1:1)

●수신 : 보배로운 믿음을 우리와 함께 받은 자들(1:1에 준함)

●저작의 동기와 목적 : 본서도 전서에 준하나 전서는 외부적 위기를 취급했고 후서는 내부적 위기를 경계함이다. 전서를 기록한 후(1, 2년) 순교가 임박하여 기록하였는데 전서는 환란과 핍박을 이기기 위해서

기록되었고 후서는 이단 사설을 막기 위해 기록했다. 말세에는 적그리스도가 많이 나타날 것이니 각별한 대책이 필요하다고 했다.

●**내용**

① 인사적 부분에서 지식은 신앙을 기반으로 해야 한다는 것이요, 이 지식의 발전을 힘써야 함을 강조했다(1:1~11).

② 사도들의 교훈을 기억하고 지킬 것. 사도의 교훈은 그리스도의 재림과 재림을 부인하는 이단 사상에 대한 경계이다. 이는 부도덕성을 겸한 것이다.

③ 2장, 3장에서는 거짓 교사에 대한 경고로서 부도덕한 자들의 정체를 폭로하고 3장에서는 그릇된 종말관에 대한 이단자의 경고와 이단에 대한 해명을 가하고 조용히 재림을 기다릴 것을 권하고 있다(8~13). 이 신앙은 곧 성결한 생활을 대망할 것이요 이단자에게 속지 말 것이다.

23. 요한1서

●**저자** : 사도 요한(요한복음의 기자와 같다, 요 1:1~18, 요 1:1~4)

●**수신** : 공동서신에 준함(소아시아 일대에 흩어진 교인들에게)

●**연대** : 주후 90년

●**쓴 곳** : 에베소

●**목적** : 본서를 기록한 연대로 보아 이단자들을 배격하고 진리를 수호하려는 데 있다. 당시 소아시아에는 영지주의(Gnosticism)란 이단 사설이 혼란을 일으키고 있었다. 그래서 이 혼란을 막고 바른 그리스

도의 진리를 수호하는 데 목적이 있다.

이 주의는 일종의 종교 철학으로 헬라의 이원론과 기독교의 복음을 혼합하여 하나의 종교 체제를 만들어 기독교에까지 침투하였다. 이들의 사상은 물질과 육체를 무조건 죄악시하여 그리스도의 성육신과 구속적 죽음과 부활을 부인한 결과로 이단이 되었다. 그래서 본 기자는 그리스도의 성육신과 구속을 주장함으로 확신을 주고자 했다.

● **내용** : 본서의 서론(1:1~4)은 본서의 목적이라고도 할 수 있다. 또한 요한복음의 서론과도 같다. 이는 기자의 동일성을 입증한다(요 1:1~18). 요한은 기독론에 있어서 내면적인 선재성, 성육신, 계시성, 중보성을 '영원한 생명의 말씀'으로 표현했다. 성도의 생활은 하나님과의 교제임을 지적하고 그 교제의 필수적 요인은 성육신하신 그리스도를 아는 데 있음을 지적했다. 실로 이러한 영적 지식을 전달받지 못하고는 하나님과의 교제는 성립될 수 없다. 또한 하나님을 알고 하나님을 사랑하는 증거는 그의 계명을 지켜야 하며(2:3~11) 세상보다 하나님을 더 사랑해야 한다(2:15~17). 특히 기독교인들이 경계해야 할 것은 적그리스도의 위험이다(당시 영지주의). 그러면 이러한 이단 사상의 방지책은 무엇인가? 이는 "……성령의 세례", "기름 부음이 너희 안에 거하나니"(2:27)를 받음으로 하나님 안에 인증을 받고 재림을 준비할 수 있다. 이 재림신앙은 그리스도와 닮은 신자라는 확신을 갖게 할 것이다. 재림에 대한 기대는 정결케 하는 능력이 되며(3:1~3) 죄의 지배로부터 자유를 가져다 준다(3:4~10). 또한 서로 사랑하게 되며 기도의 확신을 준다(19~24).

4장에서는 성육신 신앙은 진리와 비진리를 분별하는 것도 된다. 특히 형제를 사랑함에 있어서는 하나님께서 인간을 사랑하는 그 사랑에 근거한 것이 된다. 또한 완전한 사랑은 두려움을 내어 쫓아내며 심판날에 온전함을 이룰 수 있다(4:13~20).
5장에서는 믿음은 세상을 이기는 능력이며(1~5), 하나님은 믿음을 보증하기 위하여 그의 아들에 관한 충분한 증거를 주셨다(6~12). 결론적 부분에는 믿음의 확신성을 설명하고 기도와 형제를 돌이키는 일과 지식, 그리스도 안에 새 생명을 소유하는 일로 끝맺는다.

●**내용 분해**

① 서론(1:1~4)

② 하나님은 빛이시다(1:5~2:39)

③ 하나님은 사랑이시다(3~4장)

④ 하나님은 생명이시다(5장)

만일 우리가 진정으로 하나님을 알고 그와 사귐이 있다면 우리는 빛 가운데 행할 것이고 세상을 사랑하지 않아야 할 것이다.

24. 요한2서

●**저자** : 사도 요한

●**수신** : 택하심을 입은 부녀와 그의 자녀(소아시아의 교회를 말한 듯)

●**연대** : 주후 90년경

●**목적**

① 수신자에게 좋은 소식을 말하기 위하여

② 거짓 교사를 받아들임에 대한 경고

분해

① 진리 가운데 거하라(1~4)

② 서로 사랑하라(5~6)

③ 미혹자를 받아들이지 말라(7~11)

④ 교제 가운데 즐거움을 찾으라(12~13)

25. 요한3서

● **저자** : 사도 요한

● **수신** : 사랑하는 가이오(요한의 전도를 받고 개종한 자)

● **연대** : 주후 90년경

● **배경과 목적** : 참된 신앙인들과 그리스도를 증거하는 하나님의 종들을 거절하는 당시 교회 지도자인 디오드레베에 대한 경고와 가이오의 도움을 구함에 있다. 그 배경을 살펴보면 디오드레베는 으뜸되기를 좋아하고 저자가 보낸 전도자들을 영접하지 않았다. 그러나 가이오가 그들을 영접함으로써 저자가 방문하여 그들의 문제를 취급하기까지 저자를 잘 도와주어야 할 것이다. 디오드레베는 전도자들을 염려하여 보낸 편지를 무시해 버렸으므로 가이오에게 편지를 보내게 된 것이다.

● **내용 분해**

① 인사(1~4)

② 권면과 경계(5~12)

- 전도자들을 후대할 것(5~8)

- 디오드레베에 대한 경고(9~10)
- 데메드리오의 추천(11~12)

26. 유다서

● **저자** : 유다(야고보의 동생)

● **수신** : 부르심을 입은 자(흩어져 있는 12지파)

● **연대** : 75년경

● **쓴 곳** : 예루살렘. 17, 18절에 베드로서를 인용했으니 그 후로 봄.

● **저작의 동기와 목적** : 본서의 처음은 '일반적으로 얻은 구원'에 관하여 말하고자 의도했으나 성령의 인도하에 다른 주제로 쓰게 되었다. 이는 '가만히 들어온' 거짓 교사들로 인한 위기가 왔기 때문이다. 그래서 저들의 위험을 경고함에 있다. 당시의 이단인 영지주의 철학과 그의 종교 사상을 막기 위함이다.

● **내용** : 서론에는 인사와 기록의 동기(1~4)를 말했고, 이단의 규탄과 심판에 대한 전제와 이단자의 죄상과 심판의 확증을 실례로 들었다(5~11). 거짓 교사들의 특색, 그들의 운명을 말하고(11~19) 진실한 신자들을 위한 권고와 위로를 말하였다(20~25).

● **내용 분해**

① 인사(1~2)

② 이단의 경고(3~19)

③ 전통적 신앙 권면(20~23)

④ 결론(24~25)

27. 요한계시록

●**저자** : 사도 요한(1:1~4, 22:8). 본서의 기자는 요한복음과 요한 1, 2, 3서를 기록한 사람이다. 특히 요한복음과 일치되는 고유의 단어들을 찾을 수 있다. 예로 '말씀'(요 1:1~14, 요일 1:1, 계 19:13), '하나님의 어린 양'(요 1:29, 계 29회) '거하다'(요 1:14, 계 15회) '이기다', '참된' 등 요한의 각 기록에 많이 사용되었다.

●**저자의 신분** : 부유층이며(막 1:20) 벳새다에 살았다(요 1:44) 어머니는 살로메, 형제로는 야고보와 요한이며, 세례 요한의 제자로 있다가 예수를 따른 듯하다(요 1:35~40). 직업은 어부인데 후에 소명을 받았다(눅 5:10; 마 4:21~22). '우레의 아들'이란 별명이 붙은 것을 보면 성격이 과격한 듯하다. 그는 시종 예수님의 수제자권에서 일했다(막 5:37, 요 13:23, 18:15). 부활 시 베드로와 함께 무덤에 갔고 초대교회 설립자이며(행 3, 4, 8), 도미티안 황제(Domitian) 때에는 밧모섬에 정배 갔고 네르바 황제(Nerva 96년) 때 에베소에 돌아와서 일했다고 전해져 온다.

●**수신** : 소아시아 7교회(1:4, 11, 2:1~22:16). 그 회의 교회도 있었으나 상징적 수를 중요시하였다. 7수는 만수이고, 7교회는 실재적 교회다. 이 교회들을 통하여 전 세계에 보낸 계시다.

●**연대** : 주후 96년경

●**장소** : 밧모섬(1:9, 6:9, 20:4)

●**계시, 묵시의 뜻** : 아포카시스(헬라어-묵시, Revelation-계시). 감추어져 있는 어떤 사물을 나타내 보여 주는 것이다. 본 계시는 예수 그리스도에 의한 계시다.

● **계시의 목적** : 전에도 계시고 지금도 계시며 장차 오실 자이신 그를 나타내는 것이다.

● **저작의 동기와 목적**

① 동기

시대적 배경은 로마제국의 폭정 하에서 기록되었다(주전 30~주후 14). 당시의 황제 대표는 네로(Lucius Domitius Nero, 37~68)이다. 그의 폭정은 많은 귀인들을 살해했고, 62년 로마의 대화재 사건을 그리스도인들에게 전가하여 대원형 극장(Colosseum)에서 참살했다. 그후 도미티안 황제(Domitian, A.D. 81~96)는 황제 예배로 조직적이고 강력한 포악 정책을 썼다. 이와 같이 외적으로 황제 숭배의 강요와 내적으로 니골라당의 침투가 있었다.

② 목적

역사적 배경이 말하여 주며 그런 상황 속에 박해 당하는 소아시아에 산재한 교회를 위로하며 격려하고 인재적 신앙과 최후 승리와 영광을 위해 기록하였다. 이 같은 위로와 격려는 장차 성취될 것이다. 대심판의 계시로 되어 있으며 적그리스도 세력에 대한 최후의 경고이다.

● **특징**

① 문학체제

본서의 문학적 특징은 유대 계시 문학의 특징이다. 다만 본서는 통일되고 체계화된 그리스도를 중심하여 완성되었다. 이 문학적 체제는 다음과 같다.

• 상징과 숫자로 엮어진 신비적 책이다.
• 문학적 구조는 선과 악이 투쟁하는 이원적 체제로 진전된다.
• 신학적 사상은 말세적이고 내세적이고 개인적이나 그것은 현세적이고 지상적이고 민족적인 예언 문학과 대조된다. 이것은 또한 중간시대를 통해 신약 전체에 흐르는 사상으로서 기독교 구원론의 한 근거가 되었다.
• 전편이 그리스도 중심으로 되었다.
• 위와 같은 사상은 자연히 특이한 것으로 만들었다.

② 신학사상

본서의 처음은 솔로몬의 성전을 중심으로 하여 번영을 누릴 때 저들의 종교 관념은 현세적이고 육체적이며 민족적이었으나 솔로몬 성전이 파괴됨으로 포로가 되니 종교관은 변하여 내세적, 개인적인 것으로 발전되었다.

③ 상징주의

• 수

본서의 계시적 방법은 환상이었다.

1(하나) (1:8) - 절대수

2(둘) (11:3, 4, 11:11) - 증인 수

3(셋) (8:7~12) - 삼위일체, 하늘의 수

4(넷) (4:6, 5:8, 7:1) - 동서남북 땅의 수

7(일곱) - (1:12) 3+4로 완전 수(52회)

10(열) (12:3, 13:1, 17:3, 12, 16) - 세속적 완전 수

12(열둘) (12:1, 22:2) - 완전 수 또는 선택 수

• 색

흰색 : 결백, 영광, 승리

청황색 : 사망

붉은색 : 피와, 전쟁

푸른색 : 생명

검은색 : 기근, 재앙

• 동물

양 : 예수 그리스도

말 : 군대

용과 뱀 : 사단, 마귀

짐승 : 세상의 권력자, 거짓 선지자, 사단의 하수인들

사자 : 왕

송아지 : 종

독수리 : 하나님, 천사 등

개구리 : 부정

메뚜기 : 재앙

• 물건 기타

두루마리 책 : 계시의 내용

봉인 : 비밀의 첫째 재앙

나팔 : 둘째 재앙

금대접 : 셋째 재앙

성전 : 교회

제단 : 순교자

이마의 표 : 악인과 의인의 표

여자 : 마리아

음녀 : 배신자

바벨론 : 불신의 도시

● **해석의 견해(방법)** : 본서를 해석하는 여러 가지 견해가 있다.

① 과거적 해석법의 견해(Preterist View)

② 역사적 해석법의 견해(Historical View)

③ 미래적 해석법의 견해(Futurist View)

④ 관념적 또는 영적 해석법의 견해(Idealist of Spiritual View)

이상 견해 중 미래적 해석 방법을 취하는 이유는(1:19) 본서가 예언적이며 종말적인 성격이 있기 때문이다. 그러나 현실적, 역사적 사건을 무시할 수 없으므로 그 사건과 연결시켜 가면서 종말적 사실로 예언됨을 알아야 한다.

● **내용**

① 일곱 교회에 보낸 내용(1~3장)

본서는 사도 요한에게 보여주신 예수 그리스도의 계시이며 이를 기록하라고 하셨고(1:19) 소아시아의 일곱 교회에 보내도록 한 내용이 계시되고 있다(1~3장).

② 하늘 나라의 광경(4~5장)

만유의 대주재이신 하나님께 예배드리는 광경과 하나님의 어린 양이시며 만물의 운명과 계획이 적혀 있는 인봉된 두루마리 책을 쥐고 계신 예수 그리스도의 모습을 보았다.

③ 일곱 인의 환란(6~7장)

두루마리를 봉한 일곱 인을 떼는 광경이 나온다. 넷째 인을 뗄 때까지 지상에 재난을 가져오는 네 사람의 기병이 나타난다(6:1~8). 다섯째 인을 뗄 때 지금까지 살해당한 성도들의 영혼의 부르짖음이 나온다(9~11장).

여섯째 개봉으로 재난이 더 나타난다(6:12~17).

④ 일곱 나팔의 재앙(8~11장)

일곱째 인을 떼자 나팔의 환상이 시작된다. 나팔을 하나씩 불 때마다 죄 있는 세상에 대한 심판 곧 그것이 파괴되는 모습이 나타나고 마침내 최후의 심판이 있고 "하늘에 큰 음성들이 나서 이르되 세상 나라가 우리 주와 그의 그리스도의 나라가 되어 그가 세세토록 왕노릇 하시리로다"라는 소리가 들렸다(11:15).

⑤ 심판날의 중요한 인물들(12~14장)

- 교회와 사단의 싸움의 광경(12장)
- 사단의 대항자인 괴물들의 모습(13장)
- 투쟁하는 교회의 모습(13장)

⑥ 일곱 대접의 환란(15~18장)

하나님을 대항하는 세력에 대하여 하나님이 심판에 재앙을 담은 일곱 대접의 광경이 나오고 대음부와 바벨론의 멸망이 보여진다.

⑦ 대심판과 천년 왕국(19~20장)

어린 양의 혼인 잔치가 하늘에서 열리고 그리스도는 아마겟돈 전쟁에서 승리하고 짐승과 거짓 예언자는 죽임을 당한다. 마침내 사단은 천년 동안 감금되고 영원한 유황불 못에 던져지며(20:10) 최후의 부활과 심판의 환상이 나타나며 영원한 하나님의 나라가 임한다.

⑧ 신천신지(21장~22:5)

무궁한 신천신지의 모습과 그 생활상을 보여 주신다.

⑨ 결론(22:6~21)

새 예루살렘의 찬란한 모습이 나타나고 결론적으로 격려와 경고를 하고 축복과 아멘으로 끝난다.

참고문헌

1. Manual of Christian doctrine, Louis Berkb of (Introduction)

2. Dogmatic theology vol I. (Introduction)

3. The new Chain Reference Bible

4. Young's Analytical Concordance to the Bible

5. An Introduction to the old testament by Edward J. Young

6. Calvin's Commentaries

7. Matthew Henry's Commentaries

8. 『신약개론』(Eversett F. Harrison 著)

9. 『성경총론』(G. Cdeman Luck 著)

10. 『기독교 대사전』

11. 『헬라어, 히브리어 성경과 사전』

12. 박윤선 박사 『성경주석』 전권

13. 이상근 박사 『성경주석』 전권